KB147028

코젤렉의 개념사 사전 19

법과 정의

코젤렉의
개념사 사전 19

법과 정의
Recht, Gerechtigkeit

프리츠 로스 · 한스–루드비히 슈라이버 지음
라인하르트 코젤렉 · 오토 브루너 · 베르너 콘체 엮음
한림대학교 한림과학원 기획
엄현아 옮김

Recht,
Gerech-
tigkeit

푸른역사

일러두기

· 이 책은 오토 브루너Otto Brunner · 베르너 콘체Werner Conze · 라인하르트 코젤렉Reinhart
Kosellek이 엮은 《역사적 기본 개념: 독일 정치 · 사회 언어 역사사전Geschichtliche Grundbegriffe.
Historisches Lexikon zur politisch-sozialen Sprache in Deutschland》(Stuttgart: Klett-Cotta, 1972~1997) 중 〈법
과 정의Recht, Gerechtigkeit〉(제5권, 1984, pp.231~311) 항목을 옮긴 것이다. 프리츠 로스Fritz Loos
와 한스—루드비히 슈라이버Hans-Ludwig Schreiber가 집필했다.
· 미주는 저자, 각주는 옮긴이의 것이다. 각주로 처리된 옮긴이 주의 경우 주석 앞에 [옮긴이]
표기를 했다.
· 이 책은 2018년 대한민국 교육부와 한국연구재단의 지원을 받아 간행되었다(NRF—
2018S1A6A3A01022568).

번역서를 내면서

●●● 《코젤렉의 개념사 사전》(원제는 《역사적 기본 개념 *Geschichtliche Grundbegriffe*》)은 독일의 역사학자 라인하르트 코젤렉 Reinhart Koselleck(1923~2006)이 오토 브루너Otto Brunner, 베르너 콘 체Werner Conze와 함께 발간한 '독일 정치·사회 언어 역사사전 Historisches Lexikon zur politisch-sozialen Sprache in Deutschland'입니다. 이 책은 총 119개의 기본 개념 집필에 역사학자뿐 아니라 법학자, 경 제학자, 철학자, 신학자 등이 대거 참여한 학제 간 연구의 결실입니 다. 또한 1972년에 첫 권이 발간된 후 1997년 최종 여덟 권으로 완성 되기까지 무려 25년이 걸린 대작입니다. 독일 빌레펠트대학의 교수였 던 코젤렉은 이 작업을 기획하고 주도했으며, 공동 편집자인 브루너, 콘체가 세상을 떠난 후 그 뒤를 이어 책의 출판을 완성했습니다.

《코젤렉의 개념사 사전》이 가진 의의는 작업 규모나 성과물의 방 대함뿐만 아니라 방법론적 혁신성에도 있습니다. 기존의 개념사가 시 대 배경과 역사적 맥락을 초월한 순수 관념을 상정하고 그것의 의미를 밝히는 데 치중했다면, 《코젤렉의 개념사 사전》은 정치·사회적 맥락 속에서 전개되는 의미의 변화 양상에 주목합니다. 따라서 코젤렉이 말하는 '개념'은 '정치·사회적인 의미연관들로 꽉 차 있어서, 사용하면서도 계속해서 다의적多義的으로 머무르는 단어'입니다. '기본 개념'은 그 중에서도 특히 정치·사회적인 현실과 운동에 강력한 영향력을 행사한 개념을 가리킵니다.

나아가 《코젤렉의 개념사 사전》은 근대성에 대한 깊은 성찰을 담고 있습니다. 코젤렉은 1750년부터 1850년까지 유럽에서 개념들의 의미에 커다란 변화가 나타나, 근대 세계와 그 이전을 나누는 근본적인 단절이 발생했음에 주목했습니다. 이러한 단절을 그는 '말안장 시대' 또는 '문턱의 시대'로 표현한 바 있습니다. 또한 코젤렉은 근대에 들어오면서 개념은 '경험 공간과 기대 지평'이라는 두 차원을 가진 '운동 개념'이 되었음을 드러냄으로써 근대성에 대한 물음을 성찰하도록 해주었습니다.

《코젤렉의 개념사 사전》은 방대한 기획과 방법론적 혁신성, 근대성에 대한 통찰을 담은 기념비적 저작이라는 면에서 광범위한 차원의 호평과 반향을 불러일으켰습니다. 또한 분과학문의 틀을 뛰어넘는 인문학적 역사 연구의 전망을 제시했다는 점에서 개념사 연구의 표본적 모델로 인정받고 있습니다. 개념사 연구가 비교적 늦은 한국 사회에도 이 책의 존재는 어느 정도 알려져 있습니다.

한림과학원은 2005년 《한국 인문·사회과학 기본 개념의 역사·철학사전》 편찬 사업을 시작하여 2007~2017년 인문한국(HK) '동아시아 기본 개념의 상호소통 사업'을 수행해왔습니다. 2018년부터는 인문한국플러스(HK+) '횡단, 융합, 창신의 동아시아 개념사'로 확장하여 동아시아 개념사 연구의 새로운 지평을 여는 데 기여하고자 합니다. 전근대부터 근대를 거쳐 현대에 이르기까지 동아시아에서 개념이 생성, 전파, 상호 소통하는 양상을 성찰하여, 오늘날 상생의 동아시아 공동체 형성을 위한 소통적 가능성을 발견하는 것이 이 사업의 목표입니다. 《코젤렉의 개념사 사전》의 번역은 우리나라에서 처음 시도하는 작업으로, 유럽의 개념사 연구 성과를 정확하게 이해하는 데 필수적입니다. 그 결과물로 2010년 1차분 〈문명과 문화〉, 〈진보〉, 〈제국주의〉, 〈전쟁〉, 〈평화〉, 2014년 2차분 〈계몽〉, 〈자유주의〉, 〈개혁과 (종교)개혁〉, 〈해방〉, 〈노동과 노동자〉, 2019년 3차분 〈위기〉, 〈혁명〉, 〈근대적/근대성, 근대〉, 〈보수, 보수주의〉, 〈아나키/아나키즘/아나키스트〉를 발간했습니다. 이어 이번에 4차분 〈역사〉, 〈민주주의와 독재〉, 〈동맹〉, 〈법과 정의〉, 〈헌법〉을 내놓습니다. 이를 계기로 개념사 연구에 대한 관심이 더욱 높아지고, 개념사 연구방법론을 개발하는 시도가 왕성해지기를 바랍니다.

2020년 12월
한림대학교 한림과학원 원장 이경구

CONTENTS

도입

'법Recht'이란 하나의 사회제도 안에서 실제로 적용되는 규율 체계로서 그 규범들은 필요

하다면 규정된 절차를 통해 강제적으로 관철될 수도 있는 것으로 이해된다. 이러한 강제

적 성격으로 인해 법은 풍속, 관습, 관례 또는 도덕과 같은 사회 안의 다른 공동 생활 규범

들과는 구별된다.

Einleitung

Ⅰ. 도입

●●●　　　'법Recht'이라고 하면 하나의 사회제도 안에서 실제로 적용되는 규율 체계[1]로서 그 규범들은 필요하다면 규정된 절차를 통해 강제적으로 관철될 수도 있는 것으로 이해된다.[2] 이러한 강제적 성격으로 인해 법은 풍속, 관습, 관례 또는 도덕과 같은 사회 안의 다른 공동 생활 규범들과는 구별된다. 법의 실질적인 목적은 개인과 사회의 다양한 이해관계 사이에서 우선되는 규범이라는 점이다.

고대까지 거슬러 올라가 전통을 살펴보면 '정의Gerechtigkeit'를 사회적 행동에 있어서 미덕으로 이해하고 있다.[3] 그러니까 '정의'는 자의에서 벗어나 사람들에게 그들이 마땅히 받아야 할 것을 주는 것을 말한다.[4] 정의는 '올바르게' 행동하는 인간의 특성일 뿐만 아니라 행동의 기준이자 척도이다. 근대에 와서는 강조점이 옮겨가서 "공정한"이라는 판단의 대상이 인간 공존을 위한 내용적 규정인 사회 규범으로 바뀌었다. 간단하게 말하자면 '정의'는 법의 내용적 진실을 의미한다.[5] '법'과 '정의'는 기원전 5세기 그리스의 소피스트 이래로 분명히 '당연히* 정당한von Natur gerecht' 것과 '규정에 의해 정당한durch Satzung gerecht' 것 간의 긴장 관계에서 관찰된다.[6] 실제로 한 사회에 적용되는 규범 체계(실정법das positive Recht)는 다양한 출처(예, 법률, 관습)에서 유래될 수 있고, 정도의 차이는 있지만 이들은 모두 정의에 대한 요구를 실현하기도 하고 어긋나기도 한다.

실정법과 정의 사이에 존재하는 긴장 관계를 어떻게 해소할 것인가에 대해서는 유럽 역사에서 살펴볼 때 둘이 완전히 독립적이라고 보는 입장에서부터 상당 부분 일치해야 한다고 요구하는 데까지 많은 변화를 겪었다. 정의에 대한 요구가 실정법의 효력과 내용에 미치는 영향에 대한 견해는 유형적으로 아래 세 가지 입장으로 요약된다.

1) 정의에 반하는 실정법은 무효이다.
2) 정의의 요건은 실정법의 효력과 내용에 영향을 주지 않는다.
3) 어떠한 경우라도 기본적인 정의의 요구에 반할 때에는 실정법은 구속력이 없다.[7]

---

* [옮긴이] 자연에 의해.

정의에 대한 법의 의존성에 관련되는 이 같은 다양한 견해들은 법의 이해와 적용에 핵심적인 두 분야, 즉 법원론法源論Rechtsquellenlehre과 법 적용론Rechtsanwendungslehre[8]에 영향을 남겼다. 1)번 관점에서 볼 때 독립적 자연법은 구체적인(실증적인) 규정에서 직접적인 법원(法源, Rechtsquelle)이 된다. 이에 반하는 실정법은 무효이며, 더욱이 실정법의 흠결은 자연법으로 메울 수 있다. 따라서 실증적 규정을 해석하거나 적용할 때에는 자연법 원칙이 우선이다.

두 번째로 언급되는 법실증주의적 입장에서는 자연법을 법원으로 인정하지 않는다. 법을 적용하는 데에 초실증적인 원칙은 본래 중요하지 않는데, 다만 모든 법에는 해석이 필요하고 정의에 대해 어떤 생각을 가지고 있느냐에 따라 법을 적용할 때 주도적인 영향력을 행사할 수 있다는 점을 부인할 수는 없다는 입장이다. 현대의 방법론에서야 비로소 분명히 조명되고 있는 이러한 상관 관계[9]를 해석자들도 의식하고 있는지는 전혀 다른 문제이다.

세 번째 입장은 첫 번째와 두 번째 입장을 중재하고 있다. 어디를 강조하느냐에 따라 전자 또는 후자에 근접한다.

그리스—로마의
법 개념 및 법철학

서양 문화권에서 '법'과 '정의'에 대한 가장 오래된 기록은 호메로스Homer의 서사시와 그

주변부에서 발견된다. 인간의 삶은 왕 또는 가부장 등의 친족법적 지배 관계를 통한 계급

의 법적 관계에 의해 결정되었고, 사물에 대한 지배권에 해당하는 소유권도 있었던 것으

로 알려진다.

CHAPTER II

Griechisch-römische Rechtsbegri:ffe und Rechtsphilosophie
II. 그리스–로마의 법 개념 및 법철학

1. 소크라테스 이전

●●● 　　　서양 문화권에서 '법'과 '정의'에 대한 가장 오래
된 기록은 호메로스Homer의 서사시와 그 주변부에서 발견된다. 인
간의 삶은 왕 또는 가부장 등의 친족법적 지배 관계를 통한 계급의
법적 관계에 의해 결정되었고,[10] 사물에 대한 지배권에 해당하는
소유권도 있었던 것으로 알려진다.[11] '법'과 '정의'는 구별되지 않
았다. 법은 가이아(Gaia, 대지의 여신)와 우라노스(Uranos, 창공의 신)
의 딸인 여신 테미스Themis의 형상으로 나타난다.[12] 테미스와 그의
딸들인 디케Dike, 에이레네Eirene, 에우노미아Eunomia를 통해 신의
규범이 인간 세상으로 옮겨진다. 법은 신의 선물로 여겨졌다.[13] 법
은 신들과 인간에게 공통된 규범으로서 영원하고 불변의 것으로 간
주되었다. 왕의 임무는 법이 지켜지는지를 감시하고 분쟁이 있어

테미스를 소환할 때에 판결을 내리는 것이었다.[14] 언어적 표현에 있어서 통일되지는 않았지만 테미스는 일반적으로 정당하다고 간주되는 것을 표현할 때 사용되었고, 반면 디케는 이 규범을 지켜달라는 개인의 사적 요구를 의미했다.[15]

7세기에 화폐 경제가 탄생하고 이로 인해 부富가 집중되자 그리스, 특히 아테네의 도시에는 사회 집단 간에 긴장이 고조되었다.[16] 이때 귀족들이 가지고 있었던 재판권은 정치적 무기가 되었고, 하층 계급들로 하여금 법 앞의 평등Isonomie을 요구하게 하는 계기가 되었다.[17] 솔론Solon은 기원전 600년과 590년 사이에 아티카Attika* 에서 최초 법률 모음집을 편찬했다. 이로써 이미 어느 정도 법의 실증화가 이루어지고 인간이 법에 영향을 미치기 시작한 것으로 보이며, 이는 폴리스Polis**가 있어 가능했다.[18] 어떤 의미에서 보면 이로써 법은 신으로부터 유래했다는 연원에서 벗어나기 시작한다.

그리스 철학의 초기, 소크라테스 이전 철학에도 '법'과 '정의'에 대한 구별은 없었다. 자연이라는 개념이 포괄적이었기 때문이었다. 전 우주의 조화로운 질서는 법의 근거이고 원천이었다.[19] 법과 자연은 본질적으로 하나의 통일체였고, 인간의 규범은 존재의 법칙Gesetze des Seins에 편입되어 있었다.[20] 신과 인간에게 동일한 미창조의 규범인 로고스Logos가 법의 내용을 결정했다.[21] 헤라클레이토스Herakleitos는 분명히 이렇게 말한다. "모든 인간의 법은 한 가

---

* [옮긴이] 그리스 중부의 반도로 아테네가 그 중심.
** [옮긴이] 도시국가.

지 법, 즉 신의 법에서 양분을 얻는다. 왜냐하면 신의 법은, 하고자
만 한다면, 명령하고, 우리 모두(그리고 모든 것)에게까지 미치고, 심
지어는 그 너머에까지 다다른다."[22] 신의 세계법칙Weltgesetz이 사
회 규범에 "양분을 공급한다"는 헤라클레이토스의 이러한 사상에
는 인간의 규범이 더 높은 신의 규범을 모방하고 있으며 신의 규범
과 일치하는 동안에만 유효하다고 보았던, 후일 자연법을 결정하
는 두 규범의 이원론은 아직 등장하지 않는다. 오히려 폴리스의 실
제 규범이 자연적이고 신적이면서 공정한 것으로 되었다.[23]

2. 소피스트

기원전 5세기 무렵 그리스 궤변철학에서 처음으로 자연적으로 정
당한 것과 인간의 법률에 의해서 정당한 것을 구별하면서 처음으로
'법'과 '정의'가 당연히 일치하지는 않고 긴장 관계에 있다고 여기
기 시작한다.

아테네에서 페르시아전쟁 이후 소피스트들의 움직임은 계몽주의
와 탈종교화로 가는 과정을 의미한다. 신에 대한 전통적 믿음은 흔
들리고, 문화가 차별화되면서 종교의 구속에서 벗어난다. 기존의
귀족 지배는 페리클레스 민주주의와 페리클레스 이후의 민주주의
로 대체된다.[24]

여러 사조의 소피스트들에게 공통된 기반은 인식론적 회의주의

와 다른 도시와 민족의 풍습과 규율의 다양성을 경험했다는 사실이다.[25] "프로타고라스Protagoras에게는 세간의 여론이 선과 공정의 척도이다. "모든 국가에서 어떤 것이 아름답거나 추하거나, 공정하거나 불공정하거나, 성스럽거나 성스럽지 않다고 하는 것은 그 국가가 그렇다고 여기고 그것을 근거로 법으로 승격시키는 것이다. ……그 중에서 어떤 것도 그 자체로 하나의 본질이 있는 것이 아니고, 다수인이 인정하는 진실로 등장하여 지속되는 한 그것이 진실이다."[26] 그러나 프로타고라스는 피시스Physis와 노모스Nomos를 완전히 분리하지는 않는다. 인간이 만든 법은 인간이 자연으로부터 부여 받은 두려움과 정의를 추구하는 기질을 완성하는 임무를 맡고 있다.[27] 소위 "프로타고라스 신화Mythos des Protagoras"[28]에는 제우스Zeus[29]가 모든 사람들에게 "두려움과 정의Scheu und Recht"라는 "국민으로 살아가는 기술"을 부여해서 이를 이용해 적대적 환경에서 살아남을 수 있게 했다는 이야기가 나온다. 이처럼 실정법의 근거를 인간 본연[30]의 필요성에서 찾는 것은 이암블리코스Anonymus Iamblichos의 표현에서도 매우 분명하게 드러난다. "법과 정의는 도시와 사람들을 한 집 안에 모이게 하는 것이다."[31] 인간이 혼자서는 살 수 없기 때문에 어쩔 수 없이 사회계약을 체결하고 결속했으며, 다만 법 없이 공동으로 생활하는 것은 불가능한 것으로 드러났기 때문에 법률과 법이 인간 위에 왕처럼 군림하고, 이는 자연이라는 확실한 기반을 가지고 있기 때문에 무슨 일이 있어도 제거되지 않는다는 것이다.[32]

그 후에 노모스와 피시스는 분명히 상반되는 것으로 간주되었고, 폴리스의 법 질서는 상대적인 효력을 가지게 되었다. 안티폰 Antiphon은 법적인 것은 "만들어졌을aufgestellt" 뿐이지만 "자연적인 것das Natürliche은 필수불가결하다notwendig"고 말한다.[33] 히피아스Hippias는 소크라테스와 정의正義를 어떻게 정의할 것인가 논하면서,[34] 법과 법을 지키는 것이 중요하다고 볼 수 없는 것은 그것을 만든 사람들에 의해 계속 바뀌기 때문이라고 했다. 반면 정의는 언제 어디서나 동일하며, 어디에서나 변함없이 적용되는 불문법 속에 담겨있다는 것이다. 이처럼 히피아스는 실정법을 "인간들에 대한 폭군Tyrann der Menschen"[35]이라고 칭하며 가치를 깎아내렸고, 이로 인해 피시스가 정의의 척도가 된다.[36] 인간이 만든 법은 구속력이 없으며, 이를 위반하는 것이 감지될 때만 지켜도 되고, 그 외에는 "자연적인(당연한) 것"을 지키기만 한다면[37] 대부분 정의의 영역에서 필요한 것이 해결된다. 이때 자연에서 다양한 정의의 기준을 얻어낸다. 우선 생물학적 본성이 동일하다는 점은 자연에 의한 법적 평등을 요청할 수 있는 근거가 된다. 그래서 안티폰Antiphon은 이렇게 말한다. "본래 우리 모두는…… 그리스인이건 그리스인이 아니건…… 모든 관계에 있어서 동등하게 창조되었다. ……우리는 모두 입과 코로 숨 쉬고 손으로 밥을 먹는다."[38] 모든 인간은 자유로우며, "자연은 그 누구도 노예로 만들지 않았다."[39] 신분적 특권이나 귀족의 지위는 아무런 근거가 없으며 단지 편견일 뿐이다.[40]

벤첼Wenzel로부터 "위험할 정도로 인간적"이라는 평가를 받은 이 경향의 소피스트들과는 다르게, 개인주의적 성향의 다른 분파에서는 인간의 본성에서 불평등을 추론해냈다. 예컨대 고르기아스Gorgias는 강자들이 약자들에 의해 방해받는 것이 아니라 약자들이 강자들에게 지배되고 이끌어지는 것이 자연의 법칙이라고 했다.[41] 최강자가 지배하는 것이 정당하지만, 인간이 "정한" 법은 약자들이 자신을 보호하고, 만인의 평등을 수호하고, 그리고 자신의 재산이 위협 받는 것을 막기 위해 만들었다는 것이다.[42] 플라톤은 이 명제를 고르기아스 대화Gorgias-Dialog[43]에서 칼리클레스Kallikles의 입을 빌려 분명히 표현하고 있다. "약자는 언제나 자연적으로 열등한 자이기도 했다. ……물론 국가에서 법을 정하는 자는 약자들과 대중들이다. 따라서 이들은 자신에게 유리하게 법을 만들고 옳고 그른 것을 결정한다. 그래서 다른 자들보다 더 소유할 수 있는 능력을 가진 강자들을 겁박해서 더 큰 욕심을 내지 못하게 하려 한다. ……하지만 자연은 능력 있는 자가 약한 자보다 더 많이 가지는 것이 정의임을 증명해준다. ……만약 ……어느 날 자연이 부여한 충분한 힘을 가진 자가 떨치고 일어나 모든 것을 뒤흔들어버리고, 족쇄를 끊고 자유로운 몸이 되어 그간 인간이 남긴 모든 기록, 기만, 모든 허황된 언사, 그리고 자연에 반하는 법을 전부 짓밟아버리는…… 그때 홀연히 자연의 법은 휘황찬란하게 빛날 것이다."[44] 이렇게 소피스트들의 자연법 이론만 보더라도 인간 본성을 근거로 내세워 정의에 대한 얼마나 다양한 가정을 이끌어낼 수 있는지가 분명해진다.

3. 통일체로서의 '법'과 '정의' : 소크라테스와 플라톤

소피스트들과는 달리 소크라테스Sokrates는 제정된 법gesetztes Recht 과 정의Gerechtigkeit가 동일하다고 보고 폴리스의 법 규범은 무조건 따라야 한다고 주장한다. 그는 크세노폰 Xenophon[45]의 의견을 좇아서 합법적인 것과 정의로운 것이 동일한 것이냐는 질문에 그렇다고 대답한다. 그는 소피스트의 사회계약론적 사고[46]를 수용하면서, 시민들의 실제 공동체적 합의에 근거하여 무엇을 하고 무엇을 하지 않아야 하는지를 명시한 서면 규정이 법이라고 보았다.[47] 그러나 히피아스Hippias[48]와는 달리 그는 법이 자주 바뀐다고 해서 구속력이 없다고 추론하지 않는다. 플라톤의 《크리톤Kriton》에 따르면 그가 인간 관계에서 법을 정의와 동일시하는 이유는 국가의 존립과 법적 안정성을 염려했기 때문이다.[49] 부당한 판결을 받고서도 그는 국가의 법을 거역하지 않고 재판관이 법을 잘못 적용한 것에 책임을 돌렸다.[50] 그는 어디에도 더 상위에 있거나 더 진실한 법이 있다고 보지 않고,[51] 단지 법과 부당한 판결 사이의 갈등 때문이라고 여겼다. 자신이 이 판결에 복종하는 것은 훼손된 법을 회복하고 법질서 전체를 보호하기 위함이라는 것이다.[52]

플라톤Platon에게 정의는 무엇보다 다른 모든 것을 요약하는 근본적인 미덕이었다. "정의는 이것저것 행하지 않고 자신의 것das Seinige*을 행하는 것이다."[53] 이 형식적인 정의는 인간과 국가의 올

* [옮긴이] 본분.

바른 규범에 대한 본질을 선험적으로 관망하여 얻은 문장을 통해 실질적 내용을 획득한다. 플라톤은 펠로폰네소스전쟁의 영향과 아테네 내부에 불안감이 지배적인 상황에서 기원전 5세기 후반에 만연한 소피스트들의 회의懷疑에 저항하여 이 이론을 발전시켰다. 그는 변화와 불안에서 벗어난 보편적인 지식을 추구했다. 인간마다 제 각각인 감각적 인식을 넘어 플라톤이 소위 "이데아Ideen"라고 이름 붙인 선험적 내용의 인식이 있는데, 그것은 우리의 사고와는 무관하며 조건 없는 영원한 실체로 존재한다.[54] 이로써 정의가 절대적인 진실임을 주장하는 발언이 등장할 수 있는 기반이 마련되었고, 이는 그 이후의 발전에 결정적인 역할을 한다. 진실한 법은 정의의 이데아에 대한 인식에 좌우된다. 플라톤은 여기에 근거해서 기존의 국법이 정의에 대한 바른 인식에 기초하고 있지 않다며 거부한다.[55]

국가의 법 규범은 서로 간에 불법을 저지르지 않겠다는 인간들 간의 계약을 통해 탄생한다.[56] — 이 점에 있어서 플라톤은 소크라테스와 더불어 소피스트들과 같은 출발점에 서 있다 — 그러나 이 규범은 그 자체로 훌륭해서가 아니라 단지 정의롭게 보이고 이를 통해 명성과 존경을 얻기 위해서 지켜질 뿐이다.[57] 즉 혼자 존재하기에는 개인은 너무 나약한 존재이기 때문에 법에 따르는 결과를 감당하기 위해 법을 지키는 것이다.[58] 플라톤은 아테네의 발전된 사법 제도도 "소송질Prozeßhuberei"일 뿐이라며 비난했다.[59]

반면에 그는 정의의 본질과 관련해서는 선과 정의를 잘 아는 현자가 통치권을 행사하는 국가라는 이상적인 모습 속에서 설명한다.[60] 폴리스가 생산 활동을 하는 자, 전쟁하는 자(및 수비대) 그리고 통치하는 자의 세 가지 신분으로 구분되어 있고,[61] 이들 신분들이 '정의'가 뜻하는 바와 같이 자신의 본분대로 자신의 것을 행하고 다른 것들에 관여하지 않을 때,[62] 폴리스는 제대로 질서가 잡히고 공정하다. 이때에 비로소 정의가 개인 각자의 미덕으로 발현될 수 있으며, 플라톤은 이 미덕이 국가 질서와 밀접한 상관 관계에 있다고 보았다.[63] 정의는 다른 모든 것이 축약된 미덕으로서 인간들 사이에 올바른 다양한 힘의 관계를 의미하며, 각자가 이성의 지배 아래에서 자신의 본분을 행할 때를 말한다.[64]

플라톤이 선과 정의의 이데아를 지향하는 군주의 통치에 주목한 것에 비해 그의 저서 《폴리테이아*Politeia*》와 《폴리티코스*Politikos*》에서는 성문화된 국법에는 거의 가치를 두지 않았다.[65] 그 후 이데아론의 영향력이 감소하고 군주의 통찰력과 결연함에 대해 회의가 들기 시작하면서 《노모이*Nomoi*》*에서 법률 형태를 갖춘 실정법이 중요한 의미를 획득한다. "예언컨대 법이 군주가 아니라 군주의 권력에 좌우되는 나라는 몰락하게 될 것이다."[66]

아리스토텔레스*Aristoteles*는 '정의'를 미덕이라고 보는 점에서 플라톤을 따랐고, 이로써 근대에까지 이르는 확고한 전통을 마련했다. 그러나 그는 "자신의 것을 행한다"라는 플라톤의 정의가 사회

---

* [옮긴이] 국가 이론에 관하여 허구의 대화 형식으로 작성된 플라톤 후기 저작 중 가장 방대한 규모이다.

적인 관계를 충분히 반영하지 못한다며 비판했다.[67] 정의는 다른 사람과의 관계에서 생겨나는 미덕이다.[68] 정의가 가장 완벽한 미덕인 이유는 인간이 정의를 자신에게 행하지 않고 다른 사람에게 행하기 때문이다.[69] 즉 정의의 본질은 폴리스에서 더불어 함께하는 가운데 완전해지기 때문이다.[70]

'정의'의 내용은 다음과 같이 다르게 표현된다. "모든 정의로운 것은 평등한 것이다."[71] 여기서 평등Gleichheit은, 플라톤의 접근 방식[72]을 받아들여, 산술적 평등과 비례적 평등으로 구별된다.[73] 산술적 평등은 상거래에서 물건을 교환하거나 손해를 사정할 때에 재화의 균등을 결정한다(소위 '평균적 정의ausgleichende Gerechtigkeit'). 이때 해당 물건은 그 가치가 개인과 무관하고 추상적인 계산이 가능해야 한다.[74] 비례적 또는 기하학적 정의는 한 공동체 내에서 물건을 평가할 때 해당 개인의 가치에 따라 결정된다(소위 '배분적 정의austeilende Gerechtigkeit').[75] 그러나 여기서 어떤 기준에 따라 개인의 "가치"를 결정해야 하는가? 모든 인간은 여러 관점에서 볼 때 서로 같으면서도 다르지 않은가?[76] 아리스토텔레스는 "응당한 자격Würdigkeit"만이 기준이 될 수 있다고 한다. 그러나 이 자격을 어떻게 해석해야 하는가에 대해서는 여러 정치적 관점, 귀족정치주의자 그리고 민주주의자들 간에 의견이 나뉜다.[77] 아리스토텔레스는 국가 내에서는 "교육 수준"과 "능력"이 중요한 기준이며, 이는 동시에 모두를 위한 공익의 실현을 지향해야 한다고 보았다.[78]

4. 목적론적 법 개념: 아리스토텔레스

플라톤과는 달리 아리스토텔레스는 '정의'를 초월적인 이데아가 아니라 존재의 범주Seinskategorie라고 보았다. 이데아는 모든 사물의 고유한 목적으로 내재되어 있다. 아리스토텔레스의 목적론적 형이상학에 따르면 목적은 발전 과정에서 실현되는 대상의 본성이다.[79] 이데아, 목적 그리고 본성은 동일한 것이고, 모든 대상은 고유한 목적, 자신의 엔텔레케이아Entelechie*[80]를 가지고 있다. '법'과 '정의'도 아리스토텔레스에게서는 자연목적론적인 근거가 있다.[81]

목표, 즉 모든 소규모 인간 공동체의 목적을 향한 발전이 종료된 상태는 "자급자족Autarkie"[82]이다. 이는 국가 내에서만 도달될 수 있다. 따라서 자주적인 정치 공동체로 결합하는 것이 인간 존재의 목적이자 목표이기 때문에, 인간의 본성은 국가를 통해 완수된다. 인간은 폴리스 안에서만 행복하고 완전한 삶을 영유할 수 있는데, 인간이 "원래 국가를 형성하며 사는 존재"이기 때문이다.[83] 이때 국가는 인간에 의해 촉발된 목적이 아니라 자기 스스로를 위해 거기에 있다.[84]

법이 없다면 국가를 상상할 수 없다. 정의는 일종의 국가적인 현상이다. 왜냐하면 법은 폴리스의 질서이고 정의의 기준이기 때문이다. 여기서 법과 정의가 분리되지는 않지만 아리스토텔레스는

---

* [옮긴이] 아리스토텔레스 철학에서 질료 속에서 실현되는 본질적 형상, 발전과 완성을 성취시키는 유기체의 힘.

"민주정 또는 과두정 국가의 법"과 같은 정의롭지 못한 법이 있다는 사실도 알고 있었다.[85]

우선 아리스토텔레스는 모든 조문화된 것은 일종의 정의로운 것이라는 가정에서 출발하는데, 입법자가 지시한 것은 "조문화된 것 das Gesetzliche"이고, 이 모든 것들을 우리는 "정의로운 것das Gerechtes"이라고 부르기 때문이다.[86] 그리고서 그는 자연적인 법 natürliches Recht과 조문화된 법gesetzliches Recht을 구별한다. "정치 공동체에 적용되는 법은 자연법과 제정법으로 나누어진다. 자연법은 인정되는지 아닌지의 여부와는 무관하게 어디서나 같은 힘을 갖는 법을 말한다. 제정법은 그 내용이 원래 이럴 수도 있고 또는 다를 수도 있지만 실제로 법으로 명시된 이후에야 법으로 규정된 법을 말한다."[87] 아리스토텔레스에게서 문제는 자연법의 보편성인데, 자연법이 원래의 자연처럼 어디에서나 같은 방식으로 통하는 것은 아니기 때문이다. 또한 자연으로부터 정의로운 것에도 변화가 일어난다. 그렇다고 해서 규약 또는 계약에 의해 정의로운 것과 구별된다는 사실에는 변함이 없다.[88] 아리스토텔레스는 최상의, 이상적인 규약이 있다고 언급하기는 했지만, 평균 정도가 도달할 수 있는 절제된 통치 형식을 갖춘 비교적 최상의 규약으로 그 조건을 완화시켰다. 이 규약은 합의와 유용성에 근거한 것으로서, 인간적으로 정의로운 것의 한 형태이다.[89]

아리스토텔레스에게 자연법은 현실과 동떨어진, 국법과 변함없이 대치되는 무엇이 아닌 것으로, 오히려 폴리스에서 실현되는 것이다.[90] 존재Sein와 당위Sollen는 분리된 것이 아니다. 개인은 추상적으로 관찰되지 않고 개인의 자아가 실현되는 국가와의 관계 속에서 파악된다. 노모스Nomos와 에토스Ethos는 목적론적인 "인간됨Menschwerdung"의 과정에서 구체화되는 정의의 양면에 불과하다. 자연법, 관습 그리고 실정법은 방대한 윤리 원칙의 일부이다.[91] 이때 아리스토텔레스는 단지 관헌 당국이 제정했다고 해서 국가 권력이 결정한 지시가 전부 공정한 것은 아니라고 굳게 믿는다. 그는 일부 시민에게 유리하거나, 다른 자에게 손해가 되거나, 국가를 타락으로 빠트리는 법을 불공정한 법이라고 불렀다.[92] 아리스토텔레스도 자연에 의해 보편적으로 정의로운 것을 구별하는 보다 더 자세한 기준을 제시하지는 못했다. 그는 '자연'이 단순히 외적 현실, 즉 현존하는 국가 규범의 실제가 아니라 가치의 관점을 통해 결정된 실제라고 보았다.[93] 여기서 자연법 이론의 특징이자 약점이기도 한 벤첼Wenzel의 순환 논법이 탄생한다. 즉 가치 개념에 비해 '자연적인'이라는 개념은 무언가 독자적인 것을 표현한다는 인상을 갖게 한다. 이때 인간은 자연적인 것의 어떤 것이 좋은지를 설명하는데, 이는 다시 자연적인 것으로부터 좋은 점을 이끌어내기 위해서이다. 자연법 이론은 아마도 이와 같은 선결 문제 요구의 오류petitio principii를 이용해 자연을 근거로 내세워 선행과 정의로움을 실체적으로 규정할 수 있었던 것으로 보인다.[94]

5. 스토아학파

플라톤과 아리스토텔레스의 관심이 그리스 도시국가인 폴리스의 이상적인 법 규범이었다면, 마케도니아와 로마에 의해서 세계 제국이 형성되는 배경 하에서 스토아학파의 시선은 더 나아가 인류 전체, "세계시민Kosmopolis"의 규범을 향하고 있었다. 자연법은 플라톤-아리스토텔레스의 이론을 수용하고 더욱 발전시킨 스토아학파를 통해 18세기까지 큰 영향을 미치게 될 특징적인 형태를 갖추게 되었다.[95]

'법'과 '정의'는 자연의 법칙, 노모스Nomos에 의해 결정된다. "노모스는 모든 것의 왕으로서, 신적인 것, 인간적인 것 위에 군림한다. 법률은 무엇이 도의적이고 무엇이 도의에 어긋나는지를 결정하는 권위여야 한다. 법률은 옳음과 옳지 않음에 대한 판단 기준이고, 천부적으로 국가 공동체를 구성하도록 되어 있는 존재들에게 해야 할 일을 규정하고 하지 말아야 할 일을 금지시킨다."[96]

궤변철학에서와는 달리 '노모스Nomos'와 '피시스Physis'는 대립 개념으로 이해되지 않는다. 스토아의 노모스는 바로 신적인 유일성唯一性das göttliche Eine이고, 자연적으로 존재하는 전全 이성 Allvernunft이다.[97] 이는 영원한 법칙이고, 운명이며, 존재의 법칙으로, 이에 따라 이미 그렇게 된 것은 그렇게 되었고, 탄생하는 것은 탄생하고, 그렇게 되는 것은 그렇게 되어갈 것이며,[98] 수많은 힘 속에서 영향력을 발휘하는 원인들의 순서이다.[99]

반면에 인간의 법률은 단순한 규약으로, 그 속에는 '자연'과 인간이 만든 '구체적인' '법'이, 궤변철학에서처럼, 구별되어 있다.[100] 소피스트들은 '자연'과 '제정법'을 엄격하게 구별했지만 그 후 스토아학파들은 우주적 관찰 방법을 통해 '법'과 '정의'의 관계를 더욱 발전시키게 될 특색 있는 추론 관계인 세계법칙(영원법lex aeterna)-자연법lex naturalis-인정법lex humana을 탄생시켰다. 영원법lex aeterna은 이성의 규범으로서 모든 현세의 존재를 규정하며, 세계의 이성이다.[101] 이는 동시에 인간 본성의 법칙(자연법lex naturalis), 인간 본성의 올바른 이성을 구성한다. "참으로 진정한 법은 자연에 일치하고, 모든 것에 퍼져있으며, 항구적이고 영원한 올바른 이성이다. ……이러한 법을 개정하거나 그중 일부를 바꾸거나 전부를 폐지하는 것은 합당하지 않다. 또한 원로원이나 백성을 구실로 이 법에서 면제될 수 없다. ……로마에는 하나의 법이, 아테네에는 (그것과) 다른 법이, 또 지금은 이 법이, 나중에는 또 다른 법이 존재하지 않을 것이며, 영원하고 변하지 않는 하나의 법이 모든 민족과 모든 세대에 유지될 것이다Est quidem vera lex recta ratio, naturae congruens, diffusa in omnis, constans, sempiterna; …… huic legi nec obrogari fas est, neque derogari aliquid ex hac licet, neque tota abrogari potest, nec vero aut per senatum aut per populum solvi hac lege possumus; …… nec erit alia lex Romae, alia Athenis, alia nunc, alia posthac, sed et omnes gentes et omni tempore una lex et sempiterna et inmutabilis continebit."[102] 이렇게 영원한 세계 이성, 자연법은 동시에 명령도 하고 금지도 하는 규범이 되었다. 이로써 법률 개념은 명령적인 요소를 받아들인다.[103] 법을 지키는 것은 인간에게 주어진 과제로, 그리고 의무로 이해되었다.

코젤렉의
개념사 사전 1
문명과 문화

Zivili
sation
Kultur

로마의 법학

로마에서는 독자적인 스토아학파가 형성되었는데 그 대표적 인물로 키케로Cicero와 세네

카Seneca를 들 수 있다. 이들의 영향을 받으며 고전 로마법은 발전되었고, 이는 오늘날까

지도 유럽의 법 사고에 중대한 의의를 지니고 있다.

Römische Jurisprudenz
III. 로마의 법학

1. 키케로와 세네카

● ● ●   다양한 형태로 등장하는 실증적인 인간의 법(인 정법lex humana)[104]은 자연법과 일치하는 경우에 한해서만 유효하다. 자연법에서 무언가를 수정하는 것은 불가능하며, 전체를 무효화시킬 수도 없다.[105] "그러나 만일 백성들의 명령이나 원수의 재결*이나 심판인의 판결**들로 법률이 제정된다면, 노상강도를 저지른 행위, 간통을 범한 행위, 거짓 증언을 한 행위도, 만약 대중의 투표나 공표로 인정된다면, 정당한 법이 될 것이다. 그리고 판결과 법

* [옮긴이] 민형사에 대한 사법권 행사로 나타난 황제의 입법을 말한다. 황제의 명령으로 공포되면 칙법의 일반적 효력을 취했다.
** [옮긴이] 특별 심리 소송에서 사인인 심판인이 민사 사건에 내린 최종 판결을 말한다. 심판인의 판결은 당사자 사이의 분쟁을 종결시켰고, 소송물을 기판물로 만들었다. 심판인의 판결은 통상 유책이나 면소 판결이었다.

을 결정함에 있어서 어리석은 자들의 권력이 자신들의 투표로 사안의 본질을 바꿀 수 있을 정도로 크다면, 그들이 나쁘고 해로운 것들이 선하고 유익한 것으로 보이도록 왜 결정하지 않겠는가? 그런데 법률lex이 불의로운 것으로부터 법ius을 만들 수 있다면, 왜 나쁜 것으로부터 좋은 법을 만들 수 없는가? 그리고 우리는 자연의 규범에 따르지 않고서는 좋은 법을 다른 어떤 종류의 나쁜 법으로부터 구분할 수 없다Quodsi populorum iussis, si principum decretis, si sententiis iudicium iura constituerentur, ius esset latrocinari, ius adulterare, ius testamenta falsa supponere, si haec suffragiis aut scitis multitudinis probarentur. Quae si tanta potestas est stultorum sententiis atque iussis, ut eorum suffragiis rerum natura vertatur, cur non sanciunt ut quae mala perniciosaque sunt, habeantur pro bonis salutoribus? Aut cur cum ius ex iniuria lex facere possit, bonum eadem facere non possit ex malo? Atqui nos legem bonam a mala nulla alia nisi naturae norma dividere possumus."[106] 특수한 규약은 하나의 자연법에 추가된 법일 뿐이다.[107] 자연법 자체는 어디서나 변함없이 동일한데 민족들마다 법률이 조금씩 다른 것에 대해 스토아학파는 정의를 인식하는 자연적인 능력이 상황이나 여론의 힘에 영향을 받기 때문이라고 설명한다.[108]

인정법은 그 유효성에 있어서도 원칙적으로 종속성을 나타낼 뿐만 아니라 스토아학파의 강한 영향을 받는 로마 후기 공화정의 법학에 따라 구체적으로 적용될 때에도 자연법lex naturalis의 영향을 받는다.[109] 로마에서는 독자적인 스토아학파가 형성되었는데 그 대표적 인물로 키케로Cicero와 세네카Seneca를 들 수 있다. 이들의 영향을 받으며 고전 로마법은 발전되었고, 이는 오늘날까지도 유럽의 법 사고에 중대한 의의를 지니고 있다. 비아커Wieacker[110]는 로마법학의 특성을 설명하면서 "고대 법 문화의 전前이성적 상징사실주의…… 뿐만 아니라 (그리스의) 이성주의를…… 법학적 추상화와 사고의 경제성을 통해" 극복하는 데에 성공했다고 평가했다.

이때 과거에 법의 근간이 되었던 "의례적인 행동 윤리ritualistische Verhaltensethik"는 스토아학파에 의해 결정적으로 규정된 "실체적 신념 윤리materiale Gesinnungsethik"로 교체되었다.[111] 사기Fraus, 악의dolus, 권한potestas, 선의bona fides와 같은 시민법ius civile의 윤리적 기본 개념들이 이런 유래를 보여주고 있다. 영원법lex aeterna[112] 원칙에서 유래한 선의bona fides라는 제도는 민사법을 수정하는 원칙으로서, 시민법ius civile의 엄격한 규칙을 해석하고 적용하는 문제를 규정하는 임무를 부여받았다.[113] 현행 사법私法 규정이 공정하다고 간주되지만, 사법은 원래 공동체의 법에서 유래하였고 따라서 원칙적으로 사회적 의무를 지닌다. 이 사회적 의무는 자연법의 영향에 기인한 것으로, 사회적 규범 가치로서 선의라는 제도를 통해 시민법에 영향을 미친다.[114]

인간의 본성적 이성은 동일한 목적을 가졌다는 의사를 표명함으로써 성립되는 계약이라는 제도를 통해 법으로 표현된다. 실정법 속에서 자연에 의해 인간에게 미리 주어진 법 원칙이 실현된다.[115] 그 외 로마법의 특징은 법 제도의 분류 체계가 합리적이며 기능과 적용 범위가 명확하고 명료하다는 것이다.[116] 특히 표현 수단이 축약적이고 간결하며,[117] 법적 안정성을 추구한다.

따라서 자연은 스토아의 법 이론에는 중요한 기준이 되고, 법의 공정성 여부는 이 기준에 따라 판단된다. 그렇다면 이 자연Natur* 이란 무엇인가? 스토아학파도 이에 대해서는 명쾌한 답변을 제시하지 못했고, 그들의 자연 개념은 모호한 상태에 머물렀다.[118] 그 출발점은 오이케이오시스Oikeiosis 이론이었다. 오이케이온Oikeion 은 우리가 우리에게 속하는 것으로 인식하는 "내 것das Zugehörige" 이다. 기본적으로 내게 속하는 것은 자기 보존 본능으로서, 건강, 힘, 행복 등과 같은 "최우선적인 본성(자연)적인 것erste naturgemäße Dinge"을 추구하는 것이다. 그러나 인간의 오이케이오시스는 — 동물들도 그런 징후를 보이는 것처럼 — 이를 넘어서서 이웃, 자식, 친구 그리고 전체 인류를 포함한다. "그리하여 인간들 사이에서 인간에 대한 공동적인 고려는 자연스러운 것이며, 또 인간은 다른 인간에 의해 있는 그대로, 즉 다른 것이 아닌 인간으로 보여져야 한다 Ex hoc nascitur ut etiam communis hominum inter homines naturalis sit commendatio, ut opporteat hominem ab homine ob id ipsum, quod homo sit, non alienum videri."[119] 이러한 기초 위에서 스토아의 인도주의 사고가 발전한다.[120]

인간 본성의 최종 목적은 이성이 지배하는 것이다. 이는 "자기

---

* [옮긴이] 본성, 당연

자신과 화합하여 사는 것"[121]이라고 한 제논Zenon의 성구에 이미 잘 표현되어 있다. 이에 따르면 완전한 미덕은 전반적으로 이성적인 태도인데, 이는 모든 외부적인 물질이나 권력으로부터 내부적으로 독립되는 것을 말한다. 삶, 죽음, 건강 그리고 질병은 이 관점 하에서는 아무래도 상관없는 것이 되고,[122] 중요한 것은 착한 심성[123]을 가졌느냐는 것뿐이다. 이처럼 미덕을 전부 내적인 것, 사고[124]로 축소시킨다면 법이 외적 공동 생활을 실제로 규율하는 것을 불가능하게 만들 것이며, 인간사 전체가 무질서에 빠질 것이다.[125] 그래서 스토아학파는 이성의 목표로서 아무래도 상관없는 것들 중에서 아주 상관없는 것들과 육체적·동물적 본성을 위해서는 중요한 것들을 구별했다.[126] 이들 "상대적인" 가치에는 인간의 이성적 본성을 규정할 때에는 배척당했던 건강, 부 등과 같은 "최우선적인 본성적인 것들"이 다시 등장한다. 제논은 이를 추구하는 행위를 인간 본성의 구조에 걸맞은 행동으로 보고 완전한 의무와는 달리 "당연한 행위zukommende Handlungen"[127]라고 불렀다.

여기서는 인간의 이성적 본성 외에도 앞서 아무래도 상관없다고 표현한 "외적인" 것과 함께 신체적 본성이 등장한다. 이로써 행위 목표에 균열이 발생하고, 본성 개념의 이중화가 발생한다. 너무 모호해서 객관적이고 내용적인 법 질서의 근거가 될 수 없었던 인간의 경험적 본성이 다시 무대에 등장한다.[128] 이렇게 스토아학파에게도 본성(자연)이라는 기준을 이용해 '법'과 '정의'를 구별하려는 노력은 해결되지 못한 문제로 남는다.

2. 교부 신학, 특히 아우구스티누스의
   고대 법철학의 수용 및 재구성

기독교가 확장되면서 기독교 이론과 고대의 전통이 — 특히 스토아철학의 중재를 통해 — 로마제국에서 충돌한다. 시간이 흐르면서는 다양한 방식으로 상대방에게 침투되기도 했다. 파울루스Paulus에 따르면 — 스토아학파와 마찬가지로 — '정의'는 세계법칙Weltgesetz과 일치하는 것과는 무언가 원칙적으로 다른 것을 의미했다. 기독교 이론에 따르면 모든 이성적 인식의 저편에서 계시되는 하나님의 정의만이 그 기준이 되는데, 이는 관념적 본질 속에서가 아니라 인간적 통찰로는 접근할 수 없는 하나님의 의지에만 근거하고 있다.[129] 법률적 정의는 문제되지 않는다.[130] 하나님의 정의는 구약의 말씀에 이어 자비를 약속하는 언약을 지키는 것으로부터 나타난다. 따라서 인간의 정의는 하나님의 자비로운 행위를 통해 얻은 믿음에 근거하여 생겨난 성질의 것으로서, 스스로나 자신의 인식 또는 자신의 업적을 통해 얻은 것이 아니다.[131]

이러한 접근을 계속 시도했다면 변함없는 영원한 자연법이라는 가정에서 출발하는 고대의 법 이해를 전면 거부하는 결과로 이어질 수도 있었을 것이다. 하지만 이는 수백 년이 지난 후 요하네스 둔스 스코투스Johannes Duns Scotus와 그의 계승자들의 자연법 비판에서야 시작되었다. 그러나 기독교 이론은 우선은 스토아의 사상과 결속하여 이를 받아들이고 자기 식으로 해석했다.

기독교 교부신학Patristik에서는 계수繼受* 절차가 시작되었고 아우구스티누스에게서 정점에 이르렀다.[132] 예컨대 요한복음 서문에서 이미 "로고스logos"[133]라고 불렸던 그리스도는 스토아의 세계법칙과 동일시되었다.[134] 이레네우스Irenaeus는 파울루스Paulus[135]의 말을 인용해 신이 애초에 인간에게 선사한 "자연의 명령naturalia praecepta"이라고 말한다.[136] 인간은 자연에 의해 정의롭고 인간 공동체를 구성하도록 만들어진 능력 있는 존재로 이해된다.[137] 아우구스티누스Augustinus는 신플라톤주의의 영향을 받아 이데아론을 받아들이고 이데아를 하나님의 세계 지배법칙으로 이해하면서 이를 하나님의 정신 속에 정착시킨다.[138]

법 이론에서 아우구스티누스는 스토아의 영원법, 자연법, 그리고 인정법(현세의 법)의 세 가지로 나누는 방식에 따른다. 영원법lex aeterna은 하나님의 의지에서 나온 것이다. 그 내용은 하나님의 불변의 창조 질서로, 스토아의 세계법칙을 대신한다.[139] 자연법은 아우구스티누스에 의해 주관적인 것으로 전환된다. 즉 자연법은 영원법을 인간의 정신 속에 옮겨놓은 것으로, 주관적인 원칙이며 정의가 본래 타고난 형상이다.[140] 아우구스티누스는 자연법의 원칙으로 다음 속담을 언급했다. "자신이 겪기를 원하지 않는 것은 아무에게도 하지 말라Nemini faciant, quod pati nolunt."[141]

현세적이고 변화하는 구체적 인간의 법칙인 인정법lex humana은

---

* [옮긴이] 이어받음.

불변의 영원법에서 추론된 경우에만 유효하고, 그러한 경우에만 법이라고 본다.[142] "부당한" 법은 법이 아니며, 여기에는 구속력이 없다.[143] 영원법에 따르는 선한 자들에게는 상황에 맞춰 만들어진 현세적인 실정법이 필요 없고, 나쁜 짓을 하려는 자들에게만 필요하다.[144]

이렇게 스토아 법 이론의 본질적인 부분을 받아들였음에도 불구하고 성서의 영향을 받은 다른 사상도 발견된다. 인간이 본성적으로 죄를 범하며 부패했다고 하는 기독교 이론에 근거하여 국가는 — 인간이 천성적으로 선하며 공동체를 구성하도록 만들어졌다는 스토아의 이론과 반대로 — 단지 악에 저항하기 위한 보존 질서 혹은 보호 체계라고 이해한다.[145] 국법의 목적은 악해지려는 경향을 강제적으로 저지하는 것이라고 보았다.[146] 동시에 아우구스티누스는 그리스의 주지주의Intellektualismus에 의지라는 요소를 점점 더 전면에 부각시킨다. "의지는 분명 모든 사람 안에 존재하며, 모든 인간은 확실히 다른 어떤 것보다 의지가 있다Voluntas est quippe in omnibus; immo omnes nihil aliud quam voluntates sunt."[147] 의지는 자유로운 것으로 간주되지만, 아우구스티누스가 펠라기우스주의Pelagianismus*와 충돌하면서 발전시킨 것처럼, 하나님의 자유로운 자비를 통해서만, 어떤 법률이나 관념에도 구속되지 않는 하나님

---

* [옮긴이] 펠라기우스Pelagius(360?~420)는 브리타니아(영국) 태생의 기독교 수도사修道士이다. 인간의 자유의지와 노력을 강조하고, 구원에 있어서 은총의 의의를 부정하였다. 이 점에서 아우구스티누스로부터 강한 반박을 받았다.

의 의지를 통해서만 선의의 자유에 도달할 수 있다.[148]

국가를 목적을 가진 보호 질서로 이해하고 의지가 우위를 차지함에 따라 법의 우선권과 국익에 도움이 되는 규약으로서의 법의 성격에 비중을 두는 쪽으로 옮겨갔다.[149] 그러나 이러한 관점이 완전한 전환점을 맞이하는 것은 둔스 스코투스Duns Scotus, 후기 스콜라 철학과 근대로 넘어가는 시기가 되어서였다.

중세와 근대 초기

유럽의 법철학은 중세 초기에 아리스토텔레스를 받아들이기 시작하면서 새롭게 발전한다. 아리스토텔레스가 남긴 기록은 기원 후 여러 세기 동안 중부 유럽에서는 대부분 잊혀졌지만 이슬람 문화권에서는 집중적으로 수집하고 연구했다. 아리스토텔레스 철학은 대부분 이곳에서 다시 유럽으로 유입된다.

CHAPTER Ⅳ

Mittelalter und frühe Nenzeit
IV. 중세와 근대 초기

1. 토마스주의 법 이론

● ● ●　　　　유럽의 법철학은 중세 초기에 아리스토텔레스를
받아들이기 시작하면서 새롭게 발전한다. 아리스토텔레스가 남긴
기록은 기원 후 여러 세기 동안 중부 유럽에서는 대부분 잊혀졌지
만 이슬람 문화권에서는 집중적으로 수집하고 연구했다. 아리스토
텔레스 철학은 대부분 이곳에서 다시 유럽으로 유입된다. 처음에
는 그의 저서 중에서도 특히 논리학이 초기 스콜라철학의 흥미를
자극했다. 그 이후 그의 저작들은 교회의 반대를 겪으면서도 전반
적으로 인정되었다.[150] 아리스토텔레스의 사상이 부활한 것은 누구
보다 토마스 아퀴나스Thomas von Aquin의 공이 컸다. 그는 아리스
토텔레스 사상의 토대 위에 복음서의 교리와 고대 철학의 이론을
합치려고 했다. 아리스토텔레스의 형이상학을 널리 받아들이면서

아우구스티누스가 전면에 내세운 의지주의Voluntarismus는 다시 밀려났고, 아리스토텔레스의 목적론적 자연 개념을 통해 법과 정의에 대한 견해에 영향을 미쳤다.[151]

토마스 아퀴나스는 스토아—아우구스티누스의 전통에 기대어 세계 질서를 세 가지 법칙으로 구별한다. "영원법lex aeterna, 자연법lex naturalis 그리고 인정법 또는 실정법lex humana sive positive"이 그것이다.[152] 그는 이보다 더 높은 위치에 "신정법(神定法, lex divina)"이 있다고 보았는데, 신의 계시를 통해 주어진 것으로서 인간의 초자연적인 목표를 결정하는 하나님의 규범이 그것이다.[153]

"영원법"은 세상의 목적론적 구조를 조종하는 신의 창조 질서를 의미한다.[154] 이는 모든 사물에 내재되어 있는 특수한 본성*을 결정한다. '자연Natur'은 모든 사물이 그렇게 되도록 설계되어 있는 이상적인 형태, 완전한 형상을 의미한다.[155] 일팅Ilting[156]은 이 창조 질서가 더 이상 스토아철학에서처럼 일차적으로 존재적 질서 Seinsordnung로 이해되지 않고 무엇보다 규범적 질서normative Ordnung로 이해된다고 했지만 이는 틀린 해석으로 보인다. 영원법은 우선적으로 존재적 질서이다. 존재와 당위는 분리된 것으로 보이지 않는다.[157] 무의식적이고 내재적인 운동 원리를 통해 영원법의 적용을 받는 이성이 없는 피조물과는 달리,[158] 인간은 이에 참여한다.[159] 유한한 이성 속에 이성적인 창조물이 특별한 방식으로 참

---

* [옮긴이] Natur=자연.

여하며, 그 속에 영원한 법칙이 존재하는 것이 "자연법"[160]이다. 자연법은, 아우구스티누스에서와는 달리, 주관적 원칙에 그치는 것이 아니라, 우선적으로 하나님의 객관적 세계법칙의 일부이고, 부차적으로만 인간 이성의 본성적 판단 능력을 의미한다.[161] 모든 존재는 본성적으로 선을 추구하기 때문에 토마스 아퀴나스는 자연법의 최고 원칙을 다음과 같이 설명한다. "선은 행하는 것이고, 악은 피하는 것이다."[162] 다음 성구도 같은 말이다. "이성에 맞도록 행동하라."[163]

"인정법人定法"은 자연법과 합치할 때에만 공정하고 유효하다. 인정법의 구조나 기원과 관련해서 토마스 아퀴나스는 그 이전보다 더 상세히 구별한다. 즉 인간의 법이 필요한 것은 인간의 제한적인 이성으로는 영원법을 완전히 이해하지 못하고 일반 원칙만 이해할 수 있어서이기 때문인데, 특히 세계법칙에 포함되는 "특수 상황에 대한 특수한 규정"[164]을 파악하지 못하기 때문에 그러하다.[165] 일반적인 자연법 규정은 다음과 같은 두 가지 방식, 즉 일반 원칙에서 추론conclusio하는 방법으로 또는 보다 더 자세하게 규정하거나 명시("확정determinatio")[166]하는 방법으로 보완된다. 자연법에서 벗어나는 것은 원칙적으로 허용되지 않으며, 특정한 특수 경우나 별 의미 없는 사안일 경우에는 제외된다.[167] 자연법에 위배되는 인정법은 "진정한 법(법률이 인정하는 법lex legalis)"이 아니며, "부패한 법lex corrupta"[168]이다. 이는 양심을 구속하지 못한다. 신정법lex divina까지도 위반하는 법은 절대 복종해서는 안 되며, 그 외에는

혼란을 피하기 위해서라면 따를 수도 있다.[169]

토마스 아퀴나스도 자연법, 초실정법이 세부 내용까지 고정된 융통성 없는 체계는 아니라고 말한다. 인간이 만드는 법에는 상세하게 명시하는 방법을 통해 개별적인 구체적 상황을 반영할 수 있는 상당한 여지가 있다.[170] 그 밖에도 실정법이 갖는 중요한 특징이자 중대한 의의의 하나는 강제력을 지녔다는 것과 권력을 무기로 삼아 복종을 확보할 수 있다는 데에 있다.[171] 이미 최상의 자연법 원칙 공식에서 드러난 것처럼 이 원칙은 형식적이며, 인간의 본성으로 거슬러 올라가 실질적인 내용을 획득한다. 그래서 모호하고 불확실할 수밖에 없으며, 아리스토텔레스의 이론과 동일한 문제 제기에 직면한다. 이미 설명한 것처럼, 자연 개념은 선과 악, 공정과 불공정을 구별하는 충분한 기준을 제시할 수 없다.[172]

2. 전래된 관념적 자연법과의 결별: 요하네스 둔스 스코투스

이미 아우구스티누스에서 형체를 드러내기 시작한 의지주의는 요하네스 둔스 스코투스Johannes Duns Scotus(1270~1308)와 함께 새로운 길을 개척해 나갔다. 둔스 스코투스에게는 더 이상 법 규범을 필요하게 만드는 인간의 사회적 존재 본성이나 영원법lex aeterna이 관찰되지 않는다. 토마스 아퀴나스가 신의 의지를 항상 신의 지혜에서 나온 규범에 구속되어 있다고 보았다면,[173] 둔스 스코투스는 신의 절대 권력에서 출발했다. 신의 의지는 어떠한 관념적 규범에도 구속되어 있지 않고, 모든 법칙은 신의 자유로운 의지의 표현이다.[174] 왜 지금 하나님이 이것을 의도하는가에 대해서는 신의 의지가 그냥 그러하다는 것 외에는 아무런 다른 이유가 없다.[175] "하나님 외적인 모든 것은 하나님이 그렇게 하고자 하기 때문에 좋은 것이고, 반대로 그것이 좋기 때문에 하나님이 이를 수긍하는 것은 아니다."[176]

하나님의 의지는 두 가지 관점에서만 제한된다. 우선 하나님의 의지는 하나님 자체의 본질적인 선의와 모순의 원칙에 구속되어 있다. 하나님은 그 본질이 선의이고, 유일한 최고의 선 그 자체이다. 이러한 본질로 인해 그의 의지는 사랑이다. 그래서 하나님의 선의는 자신의 의지에 우선한다.[177] 또한 하나님은 하나의 "원이념原理 念Urideen"에, 즉 그와 반대되는 가정은 모순 원칙에 위배된다는 개념에 구속되어 있다.[178] 하나님도 논리적으로 가능한 것에 구속되어 있어서, 예컨대 그가 유다를 구원할 수는 있었지만 바위를 구원할 수는 없는 것이다.[179]

둔스 스코투스의 법 이론은 이런 기반 위에 세워졌다. 엄격한 의미의 자연법은 하나님을 사랑하라는 율법만을 포함하며, 따라서 십계명의 처음 두 계명에만 해당된다.[180] 두 번째 돌판의 계명, 즉 모든 사회 규범은 최고 목표인 신과의 직접적인 관계가 없기 때문에 여기에 해당되지 않는다.[181] 하나님이 인간들 간의 사회적 관계를 어떤 방식으로든 자연에 의해 반드시 필요한 것으로 명시했어야 했다면 하나님 외적인 것이 하나님의 의지를 강제적으로 결정한 것이 되고, 이는 하나님의 무제한적인 전지전능함에 반해 하나님의 의지를 결정해버린 셈이 된다.[182] 인간이 본성적으로 추구하는 것은 유용한 것에만 해당된다. 반면에 자유의지는 자기 스스로를 위한 최상의 선을 목적으로 한다. 이 두 규범은 모두 하나님의 의지이다. 따라서 사물의 존재적 본성은 이에 대한 판단 기준이 될 수 없고, 사회적 규범의 근거가 될 수 없다.[183] 플라톤의 이데아론 이래 사상의 중심을 차지하고 있었던 일반적인 것은 개인적·특수한 것에 의해 밀려나고, 하나님의 사랑은 개별 피조물에게로 향한다.[184]

최고의 현실적 형태는 개별성 속에서 도달된다.[185] 역사적 개별성은 일반적 본질 개념에서 이끌어낼 수 없고, "각각의 직관적 인식cognitio intuitiva singularis"을 통해 파악할 수 있다.[186] 이로써 실증적인, 특수한 인간의 법도 더욱 큰 의미를 획득한다. 둔스 스코투스는 실정법이 공정하다고 볼 수 있는 조건들을 상세히 제시하고 있다. 실정법의 최상의 원칙은 국가 내에서 평화를 조성하는 것이다.[187] 명민함의 원칙Grundsatz der Klugheit에 따라 실정법은 올바른 실제 이성에 맞도록 개인의 의무를 명시해야 한다. 그 밖에도 대중의 동의를 얻고 보편적인 선택을 받을 수 있는 권위도 지니고 있어야 한다.[188]

하지만 둔스 스코투스도 마찬가지로 사회적 규범이 개인 또는 국가 공동체의 임의나 전횡에 맡겨져서는 안 된다고 생각했다. 최고의 원칙인 신의 선의로부터 신의 창조물이자 신과 동일한 형상인 인간이 살아가는 세상의 조건적 가치가 나온다.[189] 그래서 두 번째 돌판의 계명들은 엄격한 의미의 자연법이 아니다. 그러나 둔스 스 코투스는 "조화調和Konsonanz"("최초의 율법과 조화를consonum primiis principiis")의 원칙을 이용해 이를 최고의 계명과 결부시킨다. 특정 사회 법규 규정들은 다른 규정들보다 자연법의 주님 사랑 원칙에 보다 더 잘 부합하고, 그래서 광의의 자연법으로 불러왔다. "그들 의 올바름은 잘 알려진 합당한 실천에 의해 최초의 율법과 잘 어울 린다earum rectitudo valde consonat primis principio practicis necessario notis."[190] 이렇게 방법적으로 매우 흥미로운 조화 원칙을 통해 토마 스 아퀴나스의 실정법 추론 및 확정 명제를 갈음하게 된다. 이는 실 정법이 초실증적인 가치 공간과 어느 정도 "연결"되는 것을 가능하 게 해주면서도 구체적인 상황이나 경험을 반영할 수 있는 꽤 큰 여 지를 제공한다. 둔스 스코투스는 소유권을 예로 들어 이 원칙을 설 명한다. 그는 국가 내에서 법적 평화를 유지하기 위한 실정법 원칙 에서 반드시 사유재산제도가 필요하다고 추론할 수는 없다고 말한 다. 평화로운 공존은 공유재산제도에서도 가능하기 때문이다. 그 러나 재산을 공유할 때에 많은 사람들이 자신의 몫보다 더 많이 소 유할 것이라는 점을 감안하면 재산을 개인에게 배분하는 것이 평화 로운 공존에 더 기여할 수 있다는 것이다.[191] 공유재산제도의 다른 대안을 생각하는 것도 가능한 방법일 뿐만 아니라 초실증적 가치 영역에도 부합된다. 다양한 사회 규범이 엄격한 자연법 원칙과 "조 화"를 이룰 수 있고, 따라서 어떤 것을 법으로 규정할 것인지에 대해서는 인간의 결정이 필요하다. 조화 이론을 통해 이미 둔스 스코투스에게서 실증주의적인 요소가 법에 반영된다.[192] 홉스Hobbes에게서 이 사상은 더욱 발전되어 주권적인 통치권을 확보하는 것이 법의 결정적인 요소가 된다.

3. 그 후 후기 스토아철학까지, 그리고 17세기 전반 근대 자연법이 시작될 때까지의 발전

a — 윌리엄 오캄

윌리엄 오캄Wilhelm von Ockham은 같은 프란체스코회 출신의 연장자인 둔스 스코투스로부터 의지주의적voluntaristisch 출발점을 받아들이지만 이를 급진화시켜 유명론唯名論Nominalismus[193]의 창시자가 된다. 윌리엄 오캄은 이성적, 목적 지향적 자연 규범에 기대는 것을 모두 거부하고,[194] 의지의 상위를 강조한다. "만일 의지가 없거나 의지의 능력이 없다면 어떤 행위도 선하거나 나쁘지 않다Nullus actus est virtuosus nec vitiosus nisi sit voluntarius et in potestate voluntatis."[195] 모든 도덕적 규범은 그 이전의 어떠한 이성의 진리에도 구속되지 않은 하나님의 의지에만 기초한다.[196] 둔스 스코투스와 마찬가지로 오캄도 하나님의 의지를 그의 본질적인 선의와 모순의 법칙에 결합시킨다.[197] 그러나 둔스 스코투스와는 다르게 오캄은 더 이상 신을 사랑하라는 율법이나 신을 미워하지 말라고 금지하는 것이 엄격한 의미의 자연법이라고 보지 않고, 하나님도 모순 원칙을 위반하지 않고도 자신을 미워하도록 명령하고 이를 윤리적으로 좋은 행위로 만들 수 있다고 설명한다.[198]

엄격한 의미의 자연법 원칙과 함께 조화 원칙을 통해 이 원칙과 결부되어 있는 광의의 자연법 사회 규범도 기반을 잃게 된다. 오캄은 둔스 스코투스보다 훨씬 강력하게 도덕 및 법 실증주의를 발전시켰는데, 여기에서는 모든 가치의 차이가 상급 결정 기관의 의사 결정에 근거한다고 본다.[199] 도덕과 법의 실질적인 내용은 성서를 통해 계시한 하나님의 의지에서 찾는다. 오캄의 자연법은 크게 성서적 계시의 실증주의라고 볼 수 있다.[200]

b —루터

그 이후의 시기에는 유명론Nominalismus이 널리 퍼져나갔다.[201] 오캄의 추종자 중에서는 특히 가브리엘 비엘Gabriel Biel이 마르틴 루터Luther에게 영향을 미치면서 주목 받았다.[202] 비엘은 사물 속에서가 아니라 하나님의 의지에서만 모든 정의와 진실의 규칙을 발견했다. 하나님은 어떤 것이 옳고 정당해서 하려는 것이 아니라, 하나님이 그것을 의도하기 때문에 그것은 옳고 정당하다.[203]

법과 정의에 대한 루터의 입장에서 오캄과 비엘에 뒤이은 그의 유명론적 관점이 분명히 드러난다.[204] 그는, 자신의 두 왕국론 및 신의 통치론에 기초하여, 신정법神定法과 세속의 자연법을 구별한다.[205] 신정법lex divina은 헤아릴 수 없는 하나님의 자유의지이고 신의 사랑의 규범이다. 루터는 이를 유명론적인 신학의 언어로 설명한다. 신의 규범은 외적 힘을 가지고 있지 않으며, 그리스도를 믿는 자격 있는 인간을 겨냥한 것으로 이들을 신념으로 가득 차게 하는데, 올바른 행동은 이 신념에서 저절로 비롯된다.[206] 반면 세속의 법은 "세속 또는 인간의 정의라 불리며, 이 땅 위에서 서로 살아가고 신이 우리에게 주신 것들을 사용하는 데에 필요하다."[207] 인간적 본성은 사실 죄악으로 부패하였다.[208] 그러나 하나님은 인간에게 자연의 법칙에 대한 인식을 약하고 희미하게 양심 안에 심어주었다. 세속의 나라에도 하나님이 모든 사람, 즉 이교도와 유대인, 터키인에게까지도 마음속에 심어준 자연법이 적용된다.[209] 루터는 자연법의 사실적인 내용을 무엇보다 황금률Goldene Regel*과 십계명의 두 번째 돌판에서 발견했다.[210] 이것은 현세의 행복에만 관련이 있으며, 하나님을 알지 못하는 이교도들에게도 적용된다.[211] 자연법과 실정법은 강제와 형벌을 통해 타락한 인간의 이기심을 자제시키는 보존 규범Erhaltungsordnung이다.[212]

그전에 그레고르 폰 리미니Gregor von Rimini[213]가 그랬던 것처럼 루터도 자연법에 있어서는 하나님을 가정적 괄호 속에 집어넣는다. "너는 방금 관헌이 감시하고, 근면해야 하며, 직무상 허락되는 모든 것을 해야 한다고 방금 전해 들었다. ……그리고 마치 하나님이 없는 것처럼 스스로를 바로 세우고, 스스로를 구하고, 스스로를

---

* [옮긴이] 수많은 종교와 도덕, 철학에서 볼 수 있는 원칙의 하나로, '다른 사람이 해주었으면 하는 행위를 하라'는 윤리 원칙.

통치해야 한다."²¹⁴ 세속의 법 규범은 인간의 현세의 행복에만 제한되고, 따라서 하나님의 나라에 참여해야만 가능한 영원한 구원과는 구별된다. 그러나 바로 이러한 참여는 신의 자비가 있어야만 가능하고 이에 대한 인간의 믿음이 있어야 한다(오직 믿음과 은총으로 sola fide et gratia).* 두 왕국의 엄격한 분리와 현행법의 세속화는 루터신학, 특히 칭의론Rechtfertigungslehre의 필연적 결과이다. 이러한 속세적 법의 성격에서 이미 그 이후 세속화된 근대 자연법의 본질적 접근 방식을 눈치챌 수 있다.

c — 후기 스콜라철학

의지주의와 충돌하면서 스페인의 후기 스콜라철학에서는 다시 객관주의적, 자연 목적론적 경향의 사조가 기반을 다져갔다. 그러나 이러한 사조도 자율적인 가치객관주의와 반유명주의적 성격으로 인해 자연법이 더욱 세속화되고 신에 의한 통치의 기반에서 벗어나는 데에 기여하게 된다.

몰리나Molina는 "세상의 이치Natur der Sache"가 법적 의무의 근원이라고 보았다. 이 법적 의무는 어떤 일이 요청되거나 금지될 때에 발생하는데, 그 일이 일어나는 것은 그 자체로 필연이기 때문이다.²¹⁵

바스케스Vasquez는 이성적 본성이 바로 선과 악을 구별하는 첫

---

* [옮긴이] 마르틴 루터의 종교개혁의 표제어. 여기에 오직 성서sola scriptura도 더해짐.

번째 뿌리이자 근원이라고 보았다.[216] 사물의 본성에는 신의 의지와 이성도 척도로 이미 내재되어 있다. "모든 명령과 모든 의지에 앞서, 더욱이 모든 소송에 앞서 이러한 어떤 소권들의 관례가 된다면, 모든 사안은 자신의 본성에 반대하는 것을 내포하지 않는 것처럼 자신의 본성에 부합한다. 이것은 이 이상 다른 것이 될 수 없으며, 이성적 본능은 스스로 모순을 내포하지 않는다Ante omnem imperium, ante omnem voluntatem, imo ante omnem iudicium sit regula quadam harum actionum, quae suapte natura constet, sicut res omnes suapte natura contradictionem non implicant: haec autem non potest alia esse, quam ipsam et rationalis natura ex se non implicans contradictionem."[217] 이는 심지어 우리에게는 이성적으로 보이지만 하나님은 그런 결정을 내리지 않으실, 실제로는 불가능한, 경우에도 적용된다.[218]

수아레즈Suarez는 자연법도 신의 율법이자 금지로 이해하려고 한다. 그러나 수아레즈에게도 신의 의지는 사물의 이성적 본성에 구속되어 있다. 그는 기존에 이미 존재하는 것에다가 하나님의 율법에 따른 특수한 의무만을 추가한다.[219] 보편적인 원칙을 넘어서 후기 스콜라의 견해에 따라 자연법의 구속력이 최상의 원칙에서 이끌어낸 더 먼 추론에도 적용되어야 한다는 것이다.[220] 이로써 자연법으로 규정되는 정의의 영역이 크게 확장되고 광범위한 규모의 실용 중심의 근대 자연법 체계의 토대가 마련된다.[221]

코젤렉의
개념사 사전 8

개혁과 (종교)개혁

Reform, Reformation

Re
form,
Reforma
tion

17세기와 18세기
근대 자연법 속에서의
법과 정의

지연법은 이교도와 기독교도, 정교와 이단자, 독일인, 프랑스인, 그리고 영국인 등 모든

인간에게 공통의 구속력을 가지는 기반을 제시해야만 했다. 법은 자신의 종교만이 신을

찬양하는 특별한 방식이라며 다투고 있는 종파들 위로 부상해야 했고, 정의는 속세 내에

서만 의미를 갖는 기준이 되었다.

CHAPTER V

Recht und Gerechtigkeit im neuzeitlichen Naturrecht des 17. und 18. Jahrhunderts
V. 17세기와 18세기 근대 자연법 속에서의 법과 정의

1. 근대 자연법의 탄생

●●● 　　　근대의 자연법은 17세기부터 차츰, 일부는 기존의 주제와 접근법을 수용하면서, 일부는 르네상스와 종교개혁에도 불구하고 오랫동안 지배적이었던 스콜라의 강단 형이상학 Schulmetaphysik과 대립하면서 발전했다.[222] 과거의 이론에서 벗어나면서도 '법/정의'에는 중요한 근대 자연법의 특징들을 일반적으로 설명하자면 다음과 같다.

a —법의 세속화(탈종교화)
루터[223]와 스페인 후기 스콜라철학[224]의 가치객관주의 등에서 이미 드러난 법의 세속화 과정은 더욱 거세게 진행되고 — 근대적·탈종교적 민족국가의 탄생과 병행하여[225] —세속적 자연법을 발전시킨다. 영원법lex aeterna의 자리를 인간의 이성법Vernunftgesetz이 대신하게 된다. 이때 이성과 사회성이 최후에는 하나님의 의지에 기반한다는 사실은 문제시되지 않는다. 다만 이를 정착시키는 일은 간접적으로만 가능하다.[226] 자연법의 직접적인 목표는 이성적인 사회규범으로, 이는 인간의 이성을 통해 정당화되고 따라서 동시에 신이 의도한 규범이다.[227]

목적론적인 후기 스콜라의 자연법이 주장하는 보편성은 종교개혁 과정에서 발생한 여러 종파의 분쟁에 연루되고 종파 간 분쟁의 도구로 이용되면서 불확실해지기 시작했다.[228] 종교전쟁을 치르면서 종교적 분쟁을 초월하는 규범에 대한 요구를 피할 수 없었다. 자연법은 이교도와 기독교도, 정교와 이단자, 독일인, 프랑스인 그리고 영국인 등 모든 인간에게 공통의 구속력을 가지는 기반을 제시해야만 했다.[229] 법은 자신의 종교만이 신을 찬양하는 특별한 방식이라며 다투고 있는 종파들 위로 부상해야 했고,[230] 정의는 속세 내에서만 의미를 갖는 기준이 되었다.

b — 방법의 변천

근대 자연법의 또 하나의 중요한 특징으로는 이성Vernunft에 대한 이해가 크게 바뀐 것과 관련된 독특한 자기만의 방식을 들 수 있다.[231] 근대 자연과학은 정돈된 자연적·신적 세계 질서의 전체 내에서 각자에게 자신의 위치를 지정해주었던 고대 중세 형이상학의 목적론적 세계관에서 벗어나서 설명Erklären이라는 수학적–인과적 방식으로 작업했다.

　이성은 더 이상은 본성적으로 공동체 생활을 하도록 규정된 이성적인 존재로서의 인간의 엔텔레케이아적 형식 원칙이 아니라, 현실, 현실의 모습, 그리고 현실의 탄생 조건을 분명하고 명확하게 인식하는 능력이다.[232] 사고의 출발점은 원칙이나 법칙이 아니라 경험적 현실을 관찰하는 것이다. 여기에는 현상들을 합리적으로 확인할 수 있는 최후의 요소들까지 해체하고, 이렇게 해체된 요소들을 다시 합성해 이해할 수 있고 제어할 수 있도록 만드는 분석적·합성적 절차를 사용한다.[233] 이 방법을 법과 국가에 적용시키는 것인데, 이를 이해하기 위해서는 부분들과 이 부분들을 전체로 조합하는 힘이나 관계로 되돌아가서 분석해보아야만 가능하다.[234] 공정한 규범을 인식하기 위해서는 더 이상은 엔텔레케이아적으로 이해되는 본성을 통해서가 아니라, 구체적인 사회와 그 구성원들을 조건 없이, 경험 중심으로 조사해야 가능할 것으로 보였다. 이는 홉스Hobbes의 표현을 예로 들면 분명해진다. "그러므로 도시와 시민의 권리에서 의무를 살펴보고 싶으면, 그것은 국가를 분열시키기 위해서인지, 아니면 단지 방종으로 보이려 하는 것인지를 올바르게 파악해야 한다. 곧 인간의 본성은 무엇이며, 어떤 일들이 국가를 결합하는 데 적합하거나 부적합한지, 그리고 뭉치기를 바라는 사람들이 어떻게 서로 연결되어야 하는지를Ita in jure civitatis civiumque officiis investigandis, opus est, non quidem, ut dissolvatur civitas, sed tamen ut tanquam dissoluta consideretur, id est, ut qualis sit natura humana, quibus rebus ad civitatem compaginandam apta vel inepta sit, et quomodo homines inter se componi debeant qui coalescere volunt, recte intelligatur."[235]

어떻게 하면 개별적인 부분들을 전체로 결합할 수 있느냐는 물음에 대해 근대 자연법은 고대와 중세에 알려진 사회 계약 모델을 자주 인용하는데, 이 모델은 그로티우스Grotius, 홉스Hobbes, 푸펜도르프Pufendorf, 볼프Wolff 그리고 칸트Kant 등의 국가론에 매우 다양한 형태로 사용되어왔다.[236] 여기서 공통된 이론적 기초는 개인으로부터 국가를 이끌어내는 것이다. 국가 권력은 "석출析出되고 다시 합쳐진 개인적 권리들의 총화"이다.[237]

c —규범 체계의 구체화

근대 자연법의 또 다른 특징은 최상의 일반 원칙[238]에 중점을 두었던 것에서 귀결Konklusion 방식으로 옮겨갔다는 것인데, 개별 법 제도를 내용적으로 규정된 구체적인 귀결로, 소위 "중도적인" 원칙으로 옮겨간 것이다.[239] 이렇게 된 데에는 구체적이고 차별화된 규정을 담은 법 체계가 필요해졌기 때문인데, 이런 요구는 사회적·경제적 상황이 변화하면서, 특히 상거래가 활발해지고 시민계급이 탄생하면서 커졌다.[240] 그 후 이런 경로를 통해 자연법에 기초한 법률 제정의 우위와 법전 편찬 사상이 발전한다.[241]

이로써 이성의 원칙에 따라 최상의 일반 원칙에서 개별 법 규정으로 일관된 순서에 따라 정돈되고, 자의를 배제시킨 공정한 법 규

정을 담은 흠결 없이 완성된 규범 체계를 정착시킬 수 있는 가능성을 기대할 수 있게 되었다.[242]

2. 근대 자연법의 전개

a ─ 그로티우스

그의 이론은 스콜라철학과 근대 합리주의 사이의 과도기적 성격을 띠고 있다.[243] 그로티우스Grotius는 특히 로마의 스토아철학을 중심으로 하여 법철학의 기초를 다지고, 키케로Cicero와 뜻을 같이하여 인간의 이성적 본성을 가정하는 데서 출발한다.[244] 그는 스토아철학에서처럼[245] 제1 본성과 제2 본성으로 구별해서 이를 고찰한다. 그는 제1 본성으로 스토아의 오이케이오시스 이론Oikeiosis─Lehre을 받아들이는데, 이에 따르면 모든 생명이 타고난 기본적인 자연 원칙에는 자기 보존 본능뿐만 아니라 다른 사람, 공동체를 염려하는 마음도 포함된다. 그로티우스는 이를 소위 "사회의 욕구appetitus societatis"[246]라고 불렀다. "……이는 법의 원천이다. 이것은 남의 것을 멀리하는 것과 관련되며, 만약 우리가 남의 것을 가지거나 그것으로 이익을 얻는다면 그것을 복구하는 것, 약속을 이행할 의무, 손해 보상, 마땅히 벌 받을 사람들에 대한 처벌이 이와 관련된다fons est ejus juris, quod proprie tali nomine appellatur: quo pertinent alieni abstinentia, et si quid alieni habeamus, aut lucri inde fercerimus restitutio, promissorum implendorum obligatio, damni culpa dati reparatio, et poenae inter homines meritum."[247] 그로티우스는 여기까지는 협의의 자연법이라고 말한다.

제1본성보다 더 높은 곳에 올바른 이성에 의해 결정되는 인간의 본성이 있다. 이는 "무엇이 기쁨을 주는지 또는 해를 끼치는지를 평가하기 위한 판단judicium ad aestimanda quae delectant aut nocent" 능력을 의미하며, 넓은 의미의 자연법의 원천이다.[248]

자연법이 하나님에 의해 창조된 후, 이제는 하나님의 의지로부터 독립하게 된다. 그로티우스는 그레고르 폰 리미니의 역설Paradox Gregors von Rimini[249]을 받아들여 하나님이 없다고 하더라도 자연법의 규정은 유효하다고 설명한다.[250] "그러나 사실 자연법은 하나님에 의해서도 변경될 수 없기에 불변의 것이다. 마치 2곱하기 2는 4가 아니라는 것은 하나님조차 되게 할 수 없는 것처럼 자연법은 바꿀 수 없으며 본질적 이성에 의해 나쁜 것은 나쁜 것이 아닐 수 없다Est autem jus naturale adeo immutabile, ut ne a Deo quidem mutari queat······ Sicut ergo ut bis duo non sint quatuor ne a Deo quidem potest effici, ita ne hoc quidem, ut quod intrinseca ratione malum est, malum non sit."[251] 그로티우스에게서 중요한 새로운 점은 자연법이 최상의 일반 원칙에 국한되지 않는다는 것이다. 그가 엄청난 규모의 업적을 자랑하게 된 것은 그가 쓴 저작들의 핵심이 귀결Konklusionen이기 때문이다. 그로티우스는 국가 정치에 영향을 미치겠다는 실제적인 목표를 가지고 있었다. 그래서 그는 실제 국가와 민족들의 생활 속에서 벌어지는 분쟁에 대한 판결을 내릴 수 있는 구체적인 법 규정을 마련하고자 했다.[252] 개별 국가들 간의 법적 관계 형성과 같은 구체적인 고민이 먼저였기 때문에 법의 근거에 대한 이론적인 설명은 뒤로 밀려나 방법적인 보장의 역할 등을 담당했다.[253]

그로티우스는 구체적인 자연법 규정을 획득할 수 있는 두 가지 증명 방법ratio probandi을 언급한다. "선험적으로 만약 합리적이고 사회적인 본성에 의해 어떤 사물의 필요한 조화와 부조화가 설명된다면, 반면 후험적으로 만약 자연법에 대한 가장 확실한 믿음이나 의심 없는 개연성에 근거하지 않더라도 모든 사람들 사이에서 그것이 존재한다고 간주되거나, 또는 더 나은 자들이 모두 그것이 그러한 것이라고 믿는다면 보편적 결과는 보편적 원인을 요구하기 때문이다. 그러나 소위 사람들이 말하는 공통의 감각 자체를 제외하고 그러한 판단의 어떠한 원인도 존재할 수 있다고는 거의 볼 수 없다A priori, si ostendatur rei alicujus convenientia aut disconvenientia necessaria cum natura rationali ac sociali; a posteriori vero, si non certissima fide, certe probabiliter admodum, juris naturalis esse colligitur id quod apud omnes gentes, aut moratiores omnes tale esse creditur. Nam universalis effectus universalem requirit causam: talis autem existimationis causa vix ulla videtur esse posse praeter sensum ipsum communis qui dicitur."[254] 실질적 수렴의 기준이 되는 만인의 공감대Consensus omnium를 이용해서 그로티우스는 구체적, 실체적 법 내용을 위한 풍부한 원천을 개척한다.

그는 구체적 자연법을 연역적 방법으로 설명하지 않고 "여러 저술가가 여러 시대에 걸쳐 같은 것을 확실하다고 주장했다"며 이를 통해 증명한다.[255] 여기에는 다양한 역사적 기록, 성서, 그 시대에 인정받았던 신학 및 인문학 권위자들의 기록이 등장한다.[256] 이렇게 간접적인 방식으로 그로티우스는 예컨대 모든 전쟁이 자연법과 모순되는 것은 아니며,[257] 불법을 응징하는 것은 정당하며,[258] 이혼, 일부다처제, 내연 관계가 최소한 자연법으로는 금지되지 않았음을 증명한다.[259] 그로티우스는 자연법 외에도 신이 임의적으로 만든 법과 인간의 법을 언급하고 있는데, "신적 의지의 법jus voluntarium divinum"과 인간이 제정한, 국내법과 국제법으로 구별되는, "인간 의지의 법jus gentium voluntarium"이 그것이다.[260] 하나님이 임의로 만든 법이 인간이 제정한 법 규범을 크게 결정하는데, 예를 들면 고리 대출, 내연 관계,[261] 일부다처제,[262] 근친상간의 금지[263] 등이 여기에 따른 것이다.

그로티우스는 정의에 위배되지 않는 경우에만 법으로 보았다. 즉 초기 자연법 체계에서 법과 정의는 그로티우스에게도 하나였고, 다만 정의는 더 이상 영원법이 아닌 이성적 인간의 본성에 따라 규정되었다. "왜냐하면 법은 공정함을 의미하는 것 외에 다른 것이 아니기 때문이다Nam jus hic nihil aliud quam quod justum est significant."[264] 따라서 실정법이 법이라고 불릴 수 있기 위해서는 공정해야 한다. 그로티우스가 의도적인 인간의 법이 항상 정당하다고 본 것은 아니다. 그러나 평화와 공공 질서를 보호하기 위해서 부당한 법에 대한 무제한적인 저항권을 인정하지는 않는다. "선한 이들 사이에서 그것은 참으로 논쟁 밖에 있다. 만일 그들이 자연법과 신의 명령에 반대되는 어떤 것을 하도록 명령한다면, 그들이 명령한 것을 행해서는 안 된다. ……앞에서 말한 것처럼, 당연히 모든 사람들은 불의로부터 자신을 지키기 위해 저항할 권리를 가진다. 그러나 시민사회는 평온을 보호하기 위하여 생겨난 것이므로 그 목적에 필요한 한도에서 국가에 우리와 우리의 소유물에 대한 상급법이 즉시 만들어진다. 따라서 국가는 그 무분별하게 저항하는 법을 공공의 평화와 질서를 위해 금지할 수 있다. 그리고 그것을 바란다는 것은, 의심할 여지없이 그렇게 하지 않으면 자신의 목적을 달성할 수 없기 때문이다. 왜냐하면, 만약 그 무분별하게 저항하는 법이 남아있다면, 국가는 더 이상 존재하지 않게 되고, 키클롭스*처럼 분열된 대중만 남게 될 것이기 때문이다Illud quidem, apud omnes bonos extra controversiam est; si quid imperent naturali juri aut divinis praeceptis contrarium, non esse jaciendum quod jubent ……Et naturaliter quidem omnes ad arcendam a se injuriam jus habent resistendi, ut supra diximus. Sed civili societate ad tuendam tranquillitatem instituta, statim civitati jus quoddam majus in nos et nostra nascitur, quatenus ad finem illum id necessarium est. Potest igitur civitas jus illud resistendi promiscuum publicae pacis et ordinis causa prohibere: Et quin voluerit, dubitandum non est, cum aliter non posset finem suum consequi. Nam si maneat

* [옮긴이] 고대 그리스 신화에 나오는 외눈박이 거인.

promiscuum illud resistendi jus, non jam civitas erit, sed dissociata multitudo, qualis illa Cyclopum."[265] 이렇게 저항권을 강하게 거부하는 이유로는 사회계약을 들었는데, 이 계약을 통해 통치자는 직접 계약 당사자가 되어 백성에 대한 의무를 약속했고, 시민들은 법적 안정성을 이유로 개인적으로 정의를 관철시키는 일은 포기했기 때문이다.[266] 이렇게 법적 안정성이 우선시 되었던 것은 무엇보다 16/17세기에 종교전쟁으로 큰 피해를 입은 네덜란드의 경험이 큰 영향을 미쳤을 것이다.

b — 보댕, 홉스

모든 내용적 정의 요청에 대해 실정법의 효력이 다른 어디에서보다 강력한 면역력을 지니게 된 것은 토마스 홉스Thomas Hobbes에서였다. 좀 극단적으로 표현하자면 홉스에게서 법은 국가의 기능이 되었고, 따라서 법철학은 국가 철학과 다를 바가 없었다. 법 실증주의에 대한 이러한 초법적 설명은[267] 절대주의적 국가 체제를 이데올로기적으로 정당화하려는 것과 밀접한 관련성이 있고, 이는 결국 최초 근대국가가 형성되고 있음을 보여준다.

　어쨌든 내용의 결과 측면에서 본다면 홉스의 이론은 많은 점에서 장 보댕Jean Bodin[268]의 "주권국가souveräner Staat" 이론에서 먼저 다루어진 내용이었다.[269] 홉스가 17세기 잉글랜드 내전의 영향을 받았다면, 보댕은 16세기 후반 프랑스의 종교적 혼란을 겪으면서 영향을 받았다. 비록 보댕이 사고의 예리함이나 일관성에서는 홉스에 미치지 못했지만 유사한 정치적 난관을 경험한 후 대응책으로 제시한 주장의 겉모습은 비슷했다. 보댕의 의견에 따르면 국가의 과제는 "내전의 뿌리와 씨를 전멸시켜…… 시민을 보호하고 방어하며, 시민들 간의 평화와 친선을 유지하는 것이었다semences des guerres civiles, ……la seule poison, qui peut rendre les empires et républiques mortelles."[270] 종교적 대립 상황에서 군주는 다투는 당사자들 위에 군림해야 한다.[271] 보호 임무를 수행할 수 있기 위해서는 주권Souveränität, 즉 모든 세속 권력에 대한 왕의 독자적인 지위가 전제돼야 하는데,[272] 이 주권성은 최상의 국가 형태인 "합법적인", 즉 "화목하게 통치하는" 군주정에서 가장 잘 실현된다.[273] 합법적인 국가 권력이 갖는 법률 제정권도 신정법과 자연법의 구속을 받는 것은 사실이다.[274] 그러나 군주가 신정법이나 자연법을 위반한다고 해서 저항권이 주어지는 것은 아니고, 특히나 폭군을 살해할 수 있는 권리는 없다.[275] 이는 신정법과 자연법에 대해서 실제로 불확실성이 존재하기 때문이기도 하고, 이 불확실성을 구실로 내세워 당국자들이나 신민臣民들이 복종하지 않을 수 있기 때문에라도 필요하다.[276] 이 부분에서 초실증적 정의의 인식 가능성에 대한 의구심이 결국은 실정법의 확고부동함이라는 결과로 이어질 수밖에 없다는 주장이 엿보인다. 전체적으로 보댕은 폭정은 오래 유지될 수 없고, 보통 군주의 절대적 국가 권력은 법적 안정성과 개인의 자유로 이어진다고 기대했기 때문에, 국가에 대한 무제한의 복종이 견딜 만하다고 보았다.[277]

법 실증주의에 대한 이러한 설명은 토마스 홉스Thomas Hobbes[278]에 의해 가장 완전한 형태를 갖추게 된다. 이는 어쩌면 중세 자연법의 목적론적 자연 개념과 결별하는 데에 중요한 역할을 한 당시 기계론적 자연철학과의 연관성으로부터 홉스 이론의 법철학적 내용을 따로 분리해서 다루어야 하고, 부분적으로는 사회 계약이라는 포장도 벗겨내야 하는 가능성을 배제하지 않는다.[279]

홉스는 법 실증주의가 필요한 이유에 대해 두 가지 가정, 즉 가치철학적-인식론적 가정과 인류학적 가정에서부터 출발한다. 그는 자연법의 전통에 따른 모든 발언들을 가차 없이 비난한다. "선, 악, 비열 등의 단어는 그것을 사용하는 사람들과의 관계에서 사용되어 왔다. 단순히 그렇거나 절대적으로 그런 것도 없고, 대상 자체의 본성으로부터 받아들일 수 있는 선과 악에 대한 일반적 원칙도 없으면서, 그것도 민주주의가 없는 곳에 사는 사람의 인격이나, 민주국가에서조차도 이를 대표하는 사람의 인격으로부터 말이다For these words of good, evil, and contemptible, are ever used with relation to the person that useth them; there being nothing simply and absolutely so; nor any common rule of good and evil, to be taken from the nature of the objects themselves; but from the person of the man, where there is no commonwealth; or, in a commonwealth, from the person that representeth it."[280] 정의는 국가나 국가의 법 질서 이전이나 그 위에 존재하는 것이 아니라 국가와 함께 비로소 존재한다.[281] 다른 가정은 홉스에 의해 늑대같이 위험한 존재라고 묘사된 인간에 대한 비관적 인류학이다.[282] 인간의 탐욕과 명예욕은 자연 상태에서는 "만인의 만인에 대한 투쟁bellum omnium contra omnes"으로 이어지고, 결국 "폭력적인 죽음에 대한 지속적인 두려움과 위험에 빠지며, 인간의 삶은 고독해지고, 가난하고, 추잡하고, 잔인하고 그리고 단축된다continual fear, and danger of violent death; and the life of man, solitary, poor, nasty, brutish, and short."[283] 자신의 비관적인 인간상 그리고 그가 주장하는 인간 본성의 영향에 대한 증거로 홉스는 국가적−법적으로 충족되지 못한 주권 국가의 행태 외에도 내전을 들고 있는데, 그 중에서도 올바른 종교와 세계관을 두고 치른 전쟁이 특히 가혹한 점을 들었다.[284]

"만인의 만인에 대한 투쟁"과 관련하여 "평화를 추구하라seek peace!"[285] "인간을 평화로 기울게 하는 열정은 죽음에 대한 두려움이다The passions that incline man to peace, are fear of death"라는 보편적인 이성의 원칙이 탄생한다.[286] 평화는 만인이 만인과의 계약을 통해서 체결하는데, 이때 자기 보존이나 생활 수준을 향상시키려는 (자연 상태에서의) 본성적 자유권은 포기되어야 한다.[287] 이성은 이 계약을 지켜야 한다고 명령하는데, 여기에 따르는 것만이 평화를 보장할 수 있기 때문이다(이 계약뿐만 아니라 모든 계약을 지키는 것을 홉스는 정의라고 불렀다).[288] 따라서 홉스에게 이성이란 목적 합리성, 즉 목숨을 유지하고 생활을 향상시키기 위해 올바른 수단을 사용하는 것이었다.[289]

통일된 사회계약 및 통치계약[290]을 통해 최고 권력이 1인 또는 다수에게 이전되는데, "이는 거대한 리바이어던Leviathan*의 시대, 또는 불멸의 신의 시대에 살아가는 우리의 평화와 안보를 책임져주고 있는 죽는 신의 시대이다This is the generation of the great Leviathan, or rather, to speak more reverently of that mortal god, to which we owe under the immortal God, our peace and defense."291

예컨대 이후 로크에서와는 달리, 권력자 스스로는 계약 당사자가 아니기 때문에 법적 구속을 받지 않고, 따라서 불법을 행할 수 없으며, 심지어 죄 없는 백성을 죽여도 불법이 아니다.292 홉스는 무제한적인 국가 권력의 위험을 간파했지만 자연 상태의 비참한 생활에 비하자면 대단한 것이 아니라고 보았다.293 따라서 국가와 법의 유일한 목표는 평화 질서를 구축하는 것이다. 이를 보장하기 위해서라면 통치자의 지배권은 사실상 무제한이다. 그러나 복종 의무의 전제 조건은 국가가 실제로 보호를 제공하는 것이다. "나는 보호한다. 그러므로 나는 구속력을 가진다Protego, ergo obligo." "통치자에 대한 백성의 의무는 군주가 그들을 보호할 수 있는 권력이 지속되는 동안에만 지속되며 그 이상은 아니다. 왜냐하면 정상적인 사람이라면 당연히 스스로를 보호해야 하며⋯⋯ (이는) 어떤 계약이 있었더라도 포기할 수 없는 일이다The obligation of subjects to the

---

* [옮긴이] 토마스 홉스Thomas Hobbes의 저서로 정식 제목은 《리바이어던, 혹은 교회 및 세속적 공동체의 질료와 형상 및 권력Leviathan, or The Matter, Forme and Power of a Common-Wealth Ecclesiastical and Civil)이다. '리바이어던'은 구약성서에 나오는 바다 괴물의 이름으로, 인간의 힘을 넘는 매우 강한 동물을 뜻한다. 홉스는 국가라는 거대한 창조물을 이 동물에 비유했다.

sovereign, is understood to last as long, and no longer, than the power lasteth, by which he is able to protect them. For the right men have by nature to protect themselves, ……can by no covenant be relinquished."[294] 여기에서 홉스의 개인주의적 사상의 싹이 분명히 드러난다.[295]

그러나 이외에는 규범의 내용을 형성하는 아무런 기준이 없다. 이는 홉스의 가치철학의 가정인 "진리가 아니라 권위가 법을 만든다authoritas, non veritas, facit legem"[296]가 적용될 때에만 일관성이 있다. 그래서 그는 폭정Tyrannis이라는 표현을 거부한다.[297] 사실 그가 군주에게 훌륭한 법을 만들 의무를 부과한 것을 보면 이러한 급진성을 끝까지 관철하지는 못했다.[298] 홉스의 영향력이 지속된 것은 그가 — 라드브루흐Radbruch의 적절한 표현처럼[299]—"제대로 된 실증적인 법 개념"으로 볼 수 있을 만큼 실제로 권위 있는 규범을 창조할 때에만 법이 자신의 임무를 완수하는 것이라고 분명히 밝혔기 때문이었다.

c —푸펜도르프

사무엘 푸펜도르프Samuel Pufendorf의 자연법 이론의 의의는 일단 홉스의 자연주의에 비해 윤리적-도덕적 세계의 특별한 존재 방식을 사회적 방면의 존재태entia moralia* 이론에서 찾아낸다는 것이다. 그는 홉스로부터 관찰과 분석[300]이라는 자연과학적 방법을 물

---

* [옮긴이] 가톨릭교회가 가톨릭교회 자체를 설명할 때 사용하는 용어이고, 이를 푸펜도르트가 차용하여 국가라는 개념을 설명할 때 사용.

려받아 이 작업을 수행한다. 인간의 행위는 인간 본성의 두 가지 측면인 물질적인 측면과 도덕적 측면에 의해 결정된다. 물질적 결정 근거로는 생존 본능(자기 자신에 대한 사랑amor sui), 종종 엄습하는 남을 해치고 싶은 욕구(영혼의 삐뚤어짐pravitas animi), 그리고 혼자 남겨진 인간의 무기력함imbecillitas[301]이 있다. 그러나 물질적 본성(자연적 방면의 존재태entia physica)의 대상이 인간의 존재를 전부 망라하지는 않는데, 하나님이 인간에게 삶의 질서와 존엄의 근거가 되는 다른 또 하나의 존재 방식을 규정해두었기 때문이다.[302] 이 도덕적 존재 방식(도덕적 방면의 존재태entia moralia)은 단순한 본성적인 존재를 넘어서 이성Vernunft과 자유의지freier Wille라는 특성을 갖는다. 이것이 인간 행동에 도덕이라는 또 다른 차원을 제공하고, 비로소 이 행동의 차별적 가치를 설명한다.[303] 이처럼 가치를 지향함으로써 인간은 자신에게 작용하고 있는 물리적 힘을 물리치거나 강화할 수 있다.[304] 푸펜도르프는 자연적 질서와 규범적 질서의 차이[305]를 구별하는 데서 시작해 자연법의 근거로 공동 생활socialitas 원칙을 발전시켰다. 그는 이 원칙을 다음과 같이 설명한다. "따라서 인간 사이에서 상호적인 의무 — 이것은 공동 생활의 열매인데 — 가 더 자주, 그리고 규정에 의해 실행되려면, 인간들 자신이 서로에게 제공할 수 있는 것들을 제공하겠다는 동의가 필요했다. 그런데 어떤 이는 이것을 인류의 법만으로는 스스로에게 확실히 약속할 수 없었다Igitur ut mutua inter homines officia, qui fructus est socialitas, eo crebrius, et ad certas velut regulas exerceantur, necessum fuit, homines ipsos inter se convenire super ejusmodi rebus invicem praestandis, quae ex sola humanitatis lege semper certo sibi polliceri quis non poterat."[306] 여기서 푸펜도르프는 자신의 선임자들이 했던 것처럼 루터[307]를 인용하여 자연법을 현세의 삶에만 국한시키고 이를 신학과 분리시킨다.[308] 자연법은 모든 사람이 이성적 추론을 통해 이해할 수 있어야 하기 때문에, 이런 점에서 신의 의지는 이미 주어진 사물의 본성에는 중요하지 않고, 자연법 이론은 더 이상 신의 의지가 아닌 세상에만 관심을 가져야 한다는 것이다.[309]

푸펜도르프는 1672년에 8권으로 출간된 자신의 주요 저서인 《자연과 인간의 법에 대하여*De jure naturae et gentium*》에서 연역적 방식과 귀납적 방식을 결합시켜 공동 생활 원칙을 이용한 포괄적인 자연법 체계를 발전시켰는데, 여기서 그는 개인, 개인의 권리와 의무에서 출발하여[310] 작은 공동체인 부부, 가족, 가족공동체를 거쳐 국가와 세계로까지 그 대상을 확대해나갔다.[311] 여기서 그는 방법적으로는 그로티우스와 유사한 방법을 선택해서 고대 이래 방대한 문서 자료를 활용하여 차별화하고 실제적으로 구체화하는 데 심혈을 기울였다.[312]

푸펜도르프 자연법의 주된 내용적 원칙은 인간의 자유, 존엄 그리고 평등 사상이다. 인간의 존엄dignitas/dignatio은 단순한 자연적 인과관계로부터의 해방, 구별하고 선택할 수 있는 능력에 해당하는 이성에 있다.[313] 이 이성은 모든 이에게 동일하게 적용되고 따라서 인간은 법적으로 평등하다. 공동 생활이라는 의무가 모든 이를 구속하기 때문이다.[314] 인간들 간의 모든 지배적·공동체적 구속은 자발적인 동의에 따른 것일 때에만 정당하다.[315] 보편적인 인권 사상으로부터 평등 요청을 설명하는 것은 푸펜도르프가 최초이다.[316] 그는 국법에 있어서는 모든 개별 인간의 자기 결정권 원칙에서 출발한다. 국가 권력의 정당성은 국민의 동의에서 찾을 수 있다.[317] 이렇게 그의 이론에서 이미 18세기에 처음으로 미국에서 인권과 시민권 선언으로 이어진 인권과 자유권 사상의 토대가 발견된다. 그의 자연법은 추종자인 존 와이즈John Wise를 통해 아메리카 대륙에서 효력을 발휘했고, 미국의 독립운동을 통해 확대되었다.[318]

실정법은 서열상으로는 자연법 아래에 위치한다. 자연법이 직접 법으로 간주되는 것은 단지 여기에 효력을 부여한 하나님의 규범 창조 의지에 근거하고 있기 때문이다.[319] 그것이 지켜질 것인지는 자연 상태에서는 보장되지 않고 국가 내에서 실정법과 결부된 처벌 가능성[320]을 통해서 비로소 보장된다. 국가 내에서 자연법은 실정법의 결함을 메울 수도 있고, 형태는 불문법이지만 실정법과 마찬가지로 적용될 수도 있다.[321] 즉 정의라는 원칙을 가진 자연법이 관철되기 위해서는 국가가 필요하다. 다른 한편으로 실정법은 자연법에 기초할 때에만 구속력을 갖는데, 이는 내용적으로 자연법 규정과 일치하며 이를 구체적으로 표현했을 뿐이거나, 또는 합법적인 권력자에게 복종해야 한다는 자연법 계명에 근거하여 자연법상 중립적인 사항을 규율하는 경우(소위 합목적성 원칙)가 여기에 해당한다.[322] 자연법의 강제적인 규범에 위배되는 실정법 규정은 무효이며, 여기에는 복종할 의무가 없다.[323] 하지만 여기에 아무런 제한이 없는 것은 아니다. 특정한 상황에서는 이를 위반한다고 해도 무효가 아닌데, 예컨대 벗어나는 정도가 중대하지 않으며 복종을 거부할 경우에 큰 위험에 빠질 수 있는 경우가 여기에 해당된다.[324] 실정법과 자연법의 합치 여부에 의구심이 들 때에는 실정법이 우선한다. 푸펜도르프는 이 경우 시민들이 의구심을 가지는 것이 오히려 착각일 수 있다고 보았다.[325] 그러나 사실상 여기서도 실정법의 우위가 인정되는 것은 아니다. 푸펜도르프는 자연법의 단계에서만 어떤 자연법 계명이 위반될 위험이 있는지를 저울질하고 있다. 앞서 말한 의구심을 불러일으킨 계명인가 아니면 합법적인 권력자에게 복종하라는 다른 계명인가를.

d ―로크

존 로크John Locke[326]는 실질적인 결론면에서는 많은 부분 푸펜도르프와 일치하지만 정치적 효과에서는 그를 크게 능가했고, 국가가 임의로 처분할 수 없는 인권을 보장하며 국가 권력을 제한하여 인권을 제도적으로 보장하는 권력 분립이라는 특징을 가지는 자유주의 입헌국가의 가장 중요한 정신적 대부가 되었다. 로크는 특히 미국의 혁명에 지대한 영향을 미쳤다(아래 V. II. a. 단락 참조).

계약 체결을 통해 극복되어야 할 평화롭지 않은 자연 상태의 가정[327]에서 출발한다는 점에서 로크의 주장은 홉스와 유사하다.[328] 하지만 홉스와는 달리 인간들이 자연에 의해 주어진 자유를 제한

없이 포기하는 게 아니라 공공의 안녕을 위해 필요한 정도까지만 포기한다. 그러나 공공의 안녕Gemeinwohl이라는 것은 바로 "재산 Eigentum"(로크는 "재산property"을 금전적으로만 보지 않고 "생명"과 "자유"도 포함시킨다)[329]을 보호한다는 목적에 의해 결정된다.[330] 이를 통해 원칙적으로 생성되는 개인의 자유 공간이 ─ 자연 상태를 합당하게 보존하지 않는 ─ 절대왕정을 통해 위협 받는다고 로크는 보았다.[331] "왜냐하면 두 사람 사이에 누가 옳은가에 대한 논쟁이 있을 때 이를 따질 확실한 규칙과 공동의 재판관이 없는 곳이라면 어디나 아직은 자연 상태이기 때문이다For wherever any two men are, who have no standing rule, and common judge to appeal to on earth, for the determination of controversies of right betwixt them, there they are still in the state of nature."[332] 따라서 "확실한 규칙feste Regeln", "확정된 법률feste Gesetze"은 시민사회의 기반이 된다.[333] 로크가 절대왕정에 저항할 개념으로 구상해낸 것이 입법부와 행정부 간의 권력 분립인데,[334] 이 둘은 기능 측면에서 분리될 뿐만 아니라 제도적으로도, 특히 인력적인 측면에서도 분리되어야 한다.[335] 법적 분쟁에서 편견 없는 판결에 대한 언급이 자주 등장하지만,[336] 재판은 권력 분립 구상에 포함되지 않았다. 홉스와는 달리 로크는 국민들의 저항권을 인정하고 있는데, 입법기관이 부당하게 시민의 생명, 자유 그리고 재산을 침해할 때,[337] 그리고 특히 행정기관이 헌법적 한계를 지키지 않을 때가 여기에 해당한다.[338] 홉스가 시민 전쟁이 빈번하게 발발할 것을 우려하여 실정법을 지키지 않는 것을 어떤 일이 있어도 막으려고 했던 반면에,[339] 로크는 시민들이 평화를 위협하는 일을 별로 걱정하지 않는다.[340] 그는 위로부터의 반란을 우려하면서, 이 경우 평화 질서가 전쟁 상황("반란 rebellare")[341]으로 후퇴할 수 있고, 그래서 국가 권력자가 과도하게 개입하는 경우에는 국민, 공동체에게 합법적 폭력이 재발될 수 있다고 주장했다.[342] 그는 이 이론이 특히 위로부터의 반란을 막을 수 있는 최선의 보호책이라고 보았다.[343]

e ─ 토마지우스

크리스티안 토마지우스Christian Thomasius가 처음으로 '법'과 '도덕'을 분리하면서 '법'과 '정의'의 관계는 더욱 발전하게 된다. 토마지우스는 자연법에서 필요로 하는 한 하나님의 율법도 법이라고 보았던 그로티우스와 푸펜도르프에 반대했다. 실정법만이 엄격하고 본래적 의미에서 법이라고 부를 수 있기 때문이라는 이유에서였다.[344]

　토마지우스의 이론은 자연주의적이고 행복론적인 근거에서 출발한다. 푸펜도르프의 '도덕적 방면의 존재태entia moralia' 개념은 물질적 자연과 도덕적 자연이 긴밀히 결합되어 있고 "도덕적인 모든 것은 자연으로부터 증명될 수 있다moralia omnia demonstrari posse ex naturalibus"[345]라는 근본 원칙을 인식하지 못한다는 이유로 배척되었다. 인간을 지배하는 힘은 이성이 아니라 내적 욕망과 열정에 의해 결정되는 부자유한 의지다.[346] 이 의지는 불안정하고, 변덕스러우며, 종종 스스로도 모순적이다.[347] 목표가 행복이라는 점에서는 인간들의 의견이 일치한다. 인간은 가능한 한 오래, 가능한 한 행복하게 살고 싶어하며, 죽음과 고통을 두려워한다.[348] 행복과 불행이 무엇인가에 대해서는 다시 의견이 엇갈린다.[349] 그래서 최상의 행복이라는 목적을 위해서는 인간의 행위를 규정하고 만인의 만인에 대한 투쟁을 방지할 수 있는 규범이 필요하다.[350] 규범은 윤리학과 법 이론으로 구성되는 광의의 도덕학의 대상이다. 이들 규범이 광의의 자연법을 구성한다. 자연법의 최고 원칙은 행복주의적 접근 방식과 같아서, "인간은 자신의 수명을 가능한 한 길고 행복하게 할 수 있는 일을 해야 하고, 자신을 불행하게 하거나 죽음을 재촉할 수 있는 일을 피해야 한다."[351]

이 같은 목표에 도달하기 위해서는 세 단계가 필요하며 세 가지 다른 규범 분야가 이를 실현하는 데 이용된다. "honestum", "iustum" 그리고 "decorum", 즉 "정직Ehrenhaftigkeit, 정의Gerechtigkeit, 그리고 예절Anstand"[352]이 그것이다. 최상의 행복으로 안내해주는 것은 정직 honestum, 도덕 및 협의의 윤리학 규정이다.[353]

두 번째 단계는 정치의 규칙에 적용된다.[354] 정의의 원칙은 가장 아래 등급을 차지하는데, 우선 외적 평화에 기여하고 무분별한 행동을 통해 평화를 교란시키지 않을 것만을 요구한다.[355] 토마지우스는 이를 협의의 자연법이라고도 부른다.[356] 따라서 정의는 모든 도덕 규범을 포괄하는 것이 아니라 광의의 자연법의 최하위 단계만을 포괄한다. 행복감을 조장할 수 있는 첫 번째 기본 조건은 정의 규칙을 지키는 것으로, 이는 통치자가 할 일이다.[357] 반면 더 높은 단계의 윤리인 다른 도의적, 종교적 행동 방식에 대해서는 국가가 통제할 수 없으며, 정의의 명령praecepta iusti만이 국가 내에서 법적 강제를 통해서 확보될 수 있다.[358] 이는 권력자의 의지에 좌우되는 외적 의무에 해당한다.[359]

세 번째 영역(정의iustum) 내에서 토마지우스는 협의의 자연법에서 군주가 제정한 실정법을 구별한다. 여기에만 원래 의미의 '법'이라는 명칭을 사용할 수 있다.[360] 협의의 자연법이 이성을 통해 인식되는 반면에 군주가 제정한 실정법은 공개되고 공표되어야 한다.[361] 자연법과 실정법은 같은 장르가 아니다. 자연법과 신정법은 명령보다는 오히려 권고에 가깝고, 반면 원래 의미의 인정법은 명령하는 규범으로 이해할 수 있다.[362] 이러한 구별에 대해 "실정법의 절대화"라는 표현이 등장했다.[363] 이는 자연법과 실정법의 범위가 거의 같다고 믿는다는 점에서 빗나간 것으로 보인다.[364] 자연법은 실정법을 위한 규범이다.[365] 타인에게 상처를 입히는 것을 금지하는 협의의 자연법에 대해 실정법이 법상 구속력 있는 것을 명령할 수는 없다.[366] 반면 법률 제정 과정의 오류, 예컨대 통치자가 정의가 아닌 다른 단계에서 자신의 권한을 넘어서는 경우에 백성은 이를 용인해야 한다. 부당한 군주에 대한 적극적인 저항권이 있는 것도 아니다.[367] 이런 점에서 토마지우스는 국가 안에서의 규범, 그리고 국가에 의해 마련된 규범이 신민들의 권리보다 높은 데에 위치하고 있다고 보았다.

실정법은 자연법이 다루지 않고 미해결 상태로 남겨둔 많은 것들을 규율해서 자연법을 "지원"("보호munimentum")해주거나 처벌 규정을 추가할 수 있다.[368] 그 외에도 자연법에서 이끌어낸 행위 권한을 확대하거나, 취소하거나, 제한할 수도 있다.[369] 토마지우스가 윤리와 자연법 단계에서 실정법과의 연결을 계속 유지해왔고, 윤리를 국가의 강제에서 벗어나게 하려는 다른 단계의 도덕과 정의를 구별하는 경향이 있기는 하지만,[370] 그럼에도 그가 중점을 둔 것은 구별과 분리였다. 정의를 도덕의 단위에서 분리시키고 실정법을 독립시키는 데 결정적인 발걸음은 이렇게 내디뎌졌다.

f —볼프

크리스티안 볼프Christian Wolff의 법 이론은 무엇보다도 계몽주의 시대 군주제와 자연법의 영향을 받아 시작된 법전 편찬에 큰 영향을 미치게 된다.[371] 법과 도덕을 분리한 토마지우스의 이론은 푸펜도르프의 영향을 받아 다시 후퇴하였다. 그러나 볼프의 자연법 체계의 방법과 구조에 있어서 분명한 것은 구체화 및 실정법에 크게 치중했다는 것이다. 최상의 보편적인 자연법 원칙은 완전무결성 원칙이다.[372] 모든 인간은 본질적으로 완전무결Vollkommenheit의 의무를 띠고 있다.[373] 여기에는 타인의 행복을 증진시키는 것과 신을 섬기는 것이 포함된다.[374] 따라서 최상의 자연법 원칙은 "너, 그리고 너의 상황과 타인의 상황을 보다 더 완전하게 해주는 일을 행하라, 이를 더 불완전하게 하는 일은 하지 말아라"[375]가 된다. 이 기본 의무에서 인간의 다른 모든 의무들을 이끌어낸다. 자신의 의무를 이행할 수 있도록 인간에게는 타고난 권리가 주어졌다. 이는 권리에 우선되는 의무를 통해 탄생한다.[376] 볼프는 가장 중요한 권리로 모든 인간의 "당연한 평등"과 "자유"를 꼽는다.[377] "그 어느 누구도 선천적으로 타인보다 더 많은 권리를 갖지 않는다."[378] 이 문장은 보편적인 인권 발전의 시금석이 되었고, 볼프의 추종자 바텔Vattel을 통해 최초 인권선언에도 영향을 미쳤다.[379]

볼프는 최상의 의무와 최고의 권리로부터 차별화된 천부적인 권리 체계를 이끌어내는데, 이것들은 각각 타인의 동일한 인권을 통해 결정되고 제한된다.[380] 정당방위권,[381] 명예존중권[382]뿐만 아니라 의복[383]과 식품,[384] 심지어 노동, 양육 및 교육 받을 권리[385] 등이 여기에 해당된다. 이들 천부적인 권리는 개인의 의무에서 발생하고 그래서 개인과 떼어낼 수 없도록 결부되어 있기 때문에 박탈될 수도 없다.[386]

자연 상태에서도 이렇게 법이 발전하지만 국가 속에서 더 쉽게 완전에 도달하며 타고난 권리를 더 잘 보장받을 수 있기 때문에 국가를 형성하는 것이 합당하다.[387] 사회계약을 통해 탄생하는 국가의 목적은 복지와 안전이다.[388] 사회계약에 따르면 천부적인 자유와 권리는 이 목적으로만 제한될 수 있다.[389] 국가 목표를 관철시키는 중요한 도구는 법이다. 법은 우선 자연 상태에서는 자발적인 승인에 크게 의존하는 자연법을 관철시키고, 그 자체로 확고한 불변의 자연법 규정을 해당 국가의 특수한 조건에 맞게 조정하는 과제를 맡고 있다.[390] 이 과정에서 절대적 자연법에서 이탈하는 일도 당연히 발생할 수 있다.[391] 그럼에도 갸네Gagnér는 크리스티안 볼프가 이미 구체적 역사적 법을 자연법에서 완전히 독립시키는 법실증주 의적 사상에 치중해 법률 제정의 완전한 우위를 인정했다고 주장하고 있는데, 이는 좀 빗나간 것 같다.[392] 볼프는 실정법의 구속력을 자연법과의 합치 여부에 종속시킨다. 자연법에 위배되는 법 규범 으로는 개인들을 구속할 수도 없고, 개인은 이에 따라서도 안 된다.[393] 볼프는 전임자들에 비해 적극적인 저항권을 확대시킨다. 국가 권력이 시민의 기본 권리를 침해하거나 전 국민을 망가뜨리려 할 때에 시민들은, 비록 무제한적이지는 않지만, 적극적인 저항권 을 행사할 수 있다.[394]

볼프는 "발생할 수 있는 모든 사건"에 적용될 수 있는 충분한 법 을 모든 사항에 대해 제정하는 것이 "고위 당국자"의 의무라고 말 한다.[395] 그는 최고의 자연법 원리에 기초하여 포괄적인 법 체계를 개발했는데, 수학 원리에 따른 빈틈없는 연역적 방법[396]을 통해 이 원리에서 모든 세부 규정을 이끌어낸다.[397] 그러나 이 과정에서 실 정법이 원칙적으로 자연법에 종속되는 것을 포기하지 않았다. 이 로써 자연법을 실정법 속에서 실현하는 일이 가능의 영역으로 진입 하는 것처럼 보일 만큼 둘은 더욱 가까이 접근했다.[398] 자연법이 세 부 영역까지 차별적으로 전개됨으로써 사실상 압도적인 영향력을 행사하게 된다. 법전 편찬 사상은 이런 영향을 받아서 탄생했다. 그 러나 이는 동시에 자연법이 파괴되는 싹을 심은 것이었고 제정법만 단독으로 인정되는 급작스런 변화를 준비한 셈이 되었다.[399]

g —몽테스키외

몽테스키외Montesquieu는 자연법에 의해 결정되는 법률 이론을 발전시켰는데, 이에 따르면 정의와 공정은 실증적인 국가법 속에서 실현된다. 그의 저서에는 후기 자연법 시기에 전형적인 역사적-구체성, 경험으로의 전환이 발견된다.[400]

국가 안에서 정치적 자유를 보장하는 것이 몽테스키외의 중심 사상이다.[401] 이 자유는 인간이 원하는 것을 행하는 것에 있지 않다. "국가에서, 즉 법이 존재하는 사회에서 자유란, 사람들이 원하는 것을 할 수 있고 원하지 않는 것을 하도록 강요당해서는 안 된다는 점에 있을 수밖에 없다…… 자유란 법이 허용하는 모든 것을 할 수 있는 권리이다. 만일 어떤 시민이 법에서 금지하는 것을 행한다면, 그는 더 이상 자유를 갖지 못할 것이다Dans un État, c'est-à-dire dans une société où il y a des lois, la liberté ne peut consister qu' o pouvoir faire ce que l'on doit vouloir, et à n'être point contraint de faire ce que l'on ne doit pas vouloir…… La liberté est le droit de faire tout ce que les lois permettent; et si un citoyen pouvait faire ce qu'elles défendent, il n'auroit plus de liberté."[402] 이미 로크에서와 마찬가지로 여기서도 '법률'은 권력자의 자의적인 지시를 의미하지 않는다. 몽테스키외는 자연법적 성격의 법 개념을 옹호하는데, 즉 법의 본질적 특징은 실증성뿐만 아니라 특정한 품질, 즉 세상의 이치Natur der Dinge와 일치해야 한다는 것이다. 그는 자연법과 인정법에 포괄적으로 적용되는 '법'의 일반적인 정의에서부터 시작한다. "가장 넓은 의미에서 법이란 세상의 이치에서 유래하는 필연적인 관계들이다Les lois, dans la signification la plus étendue, sont les rapports nécessaires qui dérivent de la nature des choses."[403] 이들 법의 근거는 원초적 이성raison primitive이고, 따라서 이성적 존재인 인간은 불변의 법의 지배를 받는다.[404] 그러나 인간은 속세의 존재로서 무지, 실수 그리고 열정을 피할 수 없기 때문에 신이 인간에게는 종교의 법칙을 주어 그에게로 오게 했고, 철학자에게는 윤리의 법칙을 주어 경고했으며, 입법자에게는 국법과 시민법을 주어 국민을 잊지 않게 하였다.[405]

즉 이 모든 법률들은 이성의 법칙을 명백히 하여 이를 관철하는 데에 사용되며 이성의 법칙에 종속된다. "법 일반이란 지상의 모든 민족을 다스리는 한에서 인간 이성이다. 그리고 가구의 정치 관계법이나 민법들은 이러한 인간 이성이 적용되는 특수한 사례들일 수밖에 없다La loi, en général, est la raison humaine, en tant qu'elle gouverne tous les peuples de la terre; et les lois politiques et civiles de chaque nation ne doivent être que les cas particuliers où s'applique cette raison humaine."[406] 여기서 분명해지는 것은 선험적인 자연법적 법이념과 결부된 경험적─구체적인 것에 대한 끌림이다. 법은 중세의 자연법에서와 같은 보편적─추상적 이성의 진리 체계를 형성하지 않고, 해당 특수 상황을 통해 결정된 국법을 통해 실현된다.[407] 그러나 법률이 동시에 이성적인 세상의 이치에서 생성되기 때문에 자의적인 전횡을 막아주고 자유를 보장해준다. "모든 자의성은 중지된다. 형벌은 입법자의 변덕으로부터 내려지는 것이 아니라 세상의 이치로부터 내려지는 것이다Tout l'arbitraire cesse, la peine ne descend point du caprice du législateur, mais de la nature de la chose." 즉 중요한 것은 입법자의 기분이 아니라 세상의 이치이다. 그것은 이성적인 법률이지 인간에게 폭력을 가하는 인간'homme qui fait violence à l'homme이 아니다.[408] 법의 지배를 보장하기 위해서는 권력의 엄격한 분리가 요구된다. 법관의 권력은 어떤 식으로든 있어서도 안 되며(어찌 보면 없는 것과 마찬가지이며en quelque façon nulle), 단지 법을 집행하는 것일 뿐이다.[409] 법관은 법에 글자 그대로 따라야 하며,[410] 그들은 단지 "법의 말을 언도하는 입일 뿐이다. 즉 법의 힘도 법의 엄격함도 완화시킬 수 없는 생기 없는 존재들인 것이다la bouche qui prononce les paroles de la loi; des êtres inanimés qui n'en peuvent modérer ni la force ni la rigueur."[411]

몽테스키외는 자연법과 실정법 사이에 갈등이 있을 수 있음을 인식하고 있다.[412] 그는 이 갈등을 자연법에 유리하게 풀어내려고 하지만 일반적으로 논하지 않고 구체 사례에 근거하여 접근한다. 예컨대 그는 풍습을 보호하기 위해 자연을 교란시키는 법이 있는데 이는 부당한 법이라고 말한다.[413] 그는 당연한 정당방위 또는 본능적 방어를 처벌하는 법이나 자연을 거슬러 이혼의 권리를 제3자의 손에 맡기는 법에 대해서도 반대한다.[414] 그 외에도 몽테스키외는 자연법에서 벗어나 민법 원칙에 따라서만 판단될 수 있는 경우와 입법자의 결정에만 좌우되는 규정에 대해 설명하고 있다.[415] 그는 부당한 법에 대한 저항권에 대해서는 언급하지 않고 있는데, 아마도 이를 인정하지 않으려 했던 것 같다. 부당한 법을 위반했다는 이 야기를 듣는 일이 "기쁘다"거나 이를 "즐긴다"고 말하고는 있지만, 연극에서 이를 위반한 사실을 고백하는 "영웅"은 법의 처벌을 피할 수 없었다.[416]

h — 루소

그에 앞선 홉스와 마찬가지로 장자크 루소Jean-Jacques Rousseau도 이상과 현실, 법과 정의를 국가 안에서 서로 결합시키고자 했다. 그는 국가의 현실이 스스로 옳은 것을 창조해낸다고 여겼다.[417] 루소에게 '정의'는 일단 신이 창조한 자연 그리고 그 법칙과 화합하는 것을 의미했다.[418] 인간에게 자연의 법칙은 "자기 자신을 보존하는 데 유의하는 것de veiller à sa propre conservation",[419] 그리고 이를 위해 자신에게 필요한 결정의 자유 및 행위의 자유를 보호하는 것에까지 이른다. 이는 자연 상태에서는 불가능하다. 그래서 인간들은 국가 안에서 결속한다.[420] 국가 안에서 법률은 모두의 행복에 가장 잘 기여하고 따라서 정당한 것을 구체화한다. 국가의 목적은 개인의 자유를 보장하는 것인데, 홉스처럼 루소도 집단주의자는 아니었다.[421] 하지만 자유를 보장하는 것은 개인의 — 국가 이전 상태에서부터 보존되어온 — 자연적 권리를 보장한다고 해서 되는 것이 아니다. 국가를 건설한다는 것은 개인에게는 "공동체 전체에 자신의 모든 권리들을…… 조건 없이…… 완전히 양도하는 것l'aliénation totale…… avec tous ses droits à toute la communauté…… sans réserve, und l'union est aussi parfaite qu'elle ne peut l'être et nul associé n'a plus rien à réclamer"[422]을 의미한다. 개인은 국가를 통해 모든 권리와 자유를 얻는다. 루소는 국가 안에서 "모든 공통의 힘을 이용하여 연합한 각 개인의 신상과 재산을 방어하고 보호하는 연합 형태이자, 그것을 통해 만인과 결합하는 각자는 (역설적으로) 오직 자신에게만 복종하게 되고 이전과 마찬가지로 자유롭게 남게 되는, 그러한 연합 형태une forme d'association qui défende et protège de toute la force commune la personne et les biens de chaque associé, et par laquelle chacun s'unissant à tous n'obéisse pourtant qu'à lui-même et reste aussi libre qu'auparavant"를 발견한다.[423] 이 목표를 충족시키며, 존재만으로 이미 진실하고 정당한[424] 국가 의지Staatswille로 나아가는 길을 루소는 "volonté générale", 일반 의지Gemeinwille에서 발견한다. 일반 의지는 사회적 결합을 위한 토대이다. 일반 의지는 개별 이익이 서로 일치하여, 단순한 "특수 이익Sonderinteresse(volonté particulière)"이 아닌 전체 이익의 일부로 등장하는 경우에만 형성된다. 개별 의지의 총합은 만인의 의지der Wille aller(volonté de tous)이다. 개별적인 특수 이익만을 목적으로 하는 개인 의지는 서로 상반되기 쉽고, 조정 과정에서 서로를 무력화시킨다고 루소는 생각한다. 결국 남는 것은 개별 의지 중에서 모두에게 공통된 부분인 "일반 의지"이다.[425] 이러한 공통성 원칙은 형식적일 뿐이고, 내용적으로 그에 해당하는 다양한 의지의 내용이 있을 수 있다. 이때 일반 의지가 무엇인지는 다수에 의해서 결정된다.[426] 특정 법 규정의 진실성에 있어서는 그

대상의 공통성만 중요하지 그것의 실질적 내용은 중요하지 않다.[427] 전체 국민의 자유로운 합의에서 나온 모든 법은 그것이 일반 의지에도 상응한다면 모두의 개별 이익을 가능한 한 많이 반영하기 때문에 공정하다. 따라서 모든 국법은 공정하다. 국가는 "일반 의지"로서 그 자체가 성의이고, 정의는 그 자체가 국가이다. 이로써 권력과 법은 국가 속에 통일되어 있는 것으로 보인다. 왜냐하면 일반 의지는 무제한의 권력을 가지고 있고, 불공정할 수가 없기 때문이다.[428] 국민은 통치자인 동시에 피치자이다. 여기서 자연법의 역사를 결정해온 '법'과 '정의'의 이원주의는 사라진 것처럼 보인다.[429] 국가의 질서를 창조하는 인간 스스로의 의지의 힘으로 실제와 진실을 일치시킬 수도 있다는 게 루소의 생각이다. 이 일이 평등한 공동체성이라는 형식적 원칙으로는 불가능하며, 진정한, 실질적 선善이 무엇인지는 말할 수 없다는 사실이 비판을 통해 확인되었다.[430]

법전 편찬과
인권선언에 나타난
이성법理性法의 영향

근대의 이성적 자연법은 이론적 사고 체계로만 머무르지 않았다. 정의에 대한 이념을 지

배했을 뿐 아니라 18세기에 "사회생활을 형성하는 권력gestaltende Macht des Soziallebens"

이 되었다.

CHAPTER VI

Auswirkungen des Vernunftrechts in den Kodifikationen und Menschenrechtserklärungen
VI. 법전 편찬과 인권선언에 나타난 이성법理性法의 영향

●●● 　　　근대의 이성적 자연법은 이론적 사고 체계로만 머무르지 않았다. 정의에 대한 이념을 지배했을 뿐 아니라 18세기에 "사회생활을 형성하는 권력gestaltende Macht des Soziallebens"이 되었다.[431] 자연법의 중요한 실질적 영향은 18세기와 19세기 초반의 법전 편찬과 인권선언에서 찾을 수 있다. 하버마스Habermas는 이를 "자연법의 실증화를 통한 철학의 실현Positivierung des Naturrechts als Verwirklichung der Philosophie"이라고 표현했다.[432]

1. 자연법을 통해 탄생한 법령집(바이에른, 프로이센, 오스트리아)

자연법의 요청들 중 하나는 우선 제정법으로부터 크게 자유로워지는 것이었다. 그 이유는 예컨대 1532년에 제정된 카롤리나Carolina

형법 등 전해내려온 법률들이 보편적인 이성에 뒤처지고 미개해 보인다는 것이었다.[433] 이를 대신해 이성법理性法Vernunftrecht 원칙이 등장했다.[434]

그러나 그 후 자연법에서 이성에 의해 규정된 새로운 법 규정에 대한 요구가 점점 우세해지기 시작했다. 그 이유는 다양하다. 빠르게 변화하는 사회경제적 상황이 그 하나인데, 이로 인해 군주들에게 변화되고 향상된 법 규범을 통해 법을 통제하는 명령을 마련해야 할 필요가 생겨났다.[435] 그 밖에도 전해내려온 법에 대한 자연법의 비판과 법관들의 개인적 이성에 초점을 맞춘 결과 불확실성과 자의적 판단에 빠질 수 있다는 사실을 경험하게 되었다.

그래서 사람들은 자의적인 판단을 배제시키고 이성의 원칙에 따라 새로워진 특정한 법ius certum을 요구하게 되었다.[436] 그로티우스에서 푸펜도르프를 거쳐 볼프에 이르기까지 자연법이 방대한 체계 속에서 점점 구체화되고 차별화되자 법을 개별 내용까지 확정하는 일이 가능해보이기 시작했다. 거기에다 최상의 원리로부터 빈틈없는 규범 체계를 이끌어낼 수 있는 "사회 모델의 수학화"[437]라는 근대적 자연법 방식까지 추가되었다. 이 모델이 추구하는 목표는 체계적이고 빠짐없는 지시를 통해 포괄적인 새로운 법치국가 규범을 마련하는 것이었다.[438] 이를 통해 자연법적 정의에 대한 이상을 법률 형태로 편찬하고자 했다. 선험적인 법이념은 몽테스키외를 본받아 경험적—구체적인 경향과 결합되었다. 즉 만인의 자유는 일반적인 법률과 특수한 상황적 성격을 지닌 법률이 동시에 지배하는 가운데 실현되어야 한다는 것이다.[439] 추상적−이상적인 인본주의 법 또는 일반적 정의 규정이었던 자연법이 실제 국가 사회의 역사적인 자연법으로 발전하면서 그것을 법으로 편찬하는 것이 가능성의 영역에 들어온 것이다.[440]

법전 편찬은 이미 18세기 중반 계몽된 관헌 국가Obrigkeitsstaat에서 시작된다.[441] 최초의 선구자 역할을 한 것은 1751년에서 1756년에 발효된 바이에른 법전으로, 크라이트마이어Kreittmayer가 편찬했다.[442] 이는 주로 법을 통일하고 보호하는 역할을 했고, 특히 고대나 그리스 이외 국가들의 형법에서 볼 수 있는 과거의 여러 특징들을 그대로 간직하고 있지만 전체적인 구상이나 언어, 이성에 근거한 다양한 해결 방식들은 이미 자연법의 영향을 받았음을 보여준다.[443]

이런 영향은 1794년에 일반 지역법Allgemeines Landrecht(ALR)을 공표하면서 종결된 프로이센의 법전 편찬 역사에서 더욱 분명히 드러난다. 이 작업은 1714년에 할레Halle대학 법학과에 내각 명령이 하달되면서부터 시작되었는데, 거기에는 "자의적인 전횡을 막고 건전한 이성과 지역의 특성"을 반영하기 위함이라는 내용의 법령 편찬의 중요한 개혁 목표가 이미 언급되어 있었다.[444] 코체이Cocceji가 주도했던 첫 번째 법안은 실패로 돌아갔다.[445] 1780년 이래로 법률 제정 작업은 대재상 폰 카르머von Carmer와 그를 도운 스바레즈Svarez, 그리고 클라인Klein의 지휘 하에 결정적인 단계를 맞이했다. 이와 동시에 이성법의 약세가 완연해졌다.[446] 일반 지역법에는 여러 대목에서 이성법의 영향이 확인된다. 딜타이Dilthey는 이를 "프로이센식 자연법preußisches Naturrecht"이라고 불렀다.[447] 이는 후기 자연법 사상에서 출발하여 특히 토마지우스Thomasius, 푸펜도르프Pufendorf 그리고 볼프Wolf의 영향을 받았음을 확인할 수 있으며, 그 의도는 특정 지역, 특정 역사적 상황에서 이성의 요구에 따르는 포괄적인 이상법理想法Idealrecht을 편찬하는 것이었다.[448]

오스트리아에서도 법령 편찬 움직임이 비슷한 의도와 영향을 받아서 진행되었다. 요제프 2세 황제 집권기인 1787년에는 소위 요제피나Josephina라고 부르는 범죄 및 유사한 처벌에 관한 일반 법전이, 1803년에는 범죄와 중대한 치안사범에 관한 형법이, 그리고 마지막으로 《독일 일반시민법전Allgemeines Bürgerliches Gesetzbuch für die deutschen Erblande(ABGB)》*이 숱한 저항 끝에 1811년에 비로소 출간된다.[449] 그 이후 시기의 법률 제정 작업은 1754년에 비엔나에서 자연법 교수직을 취득하였으며 푸펜도르프의 영향을 받은 마르티니Martini가 주도했다.[450] 그의 후임으로 차일러Zeiler가 1803년의 형법과 1811년의 《독일 일반시민법전》을 상당 부분 떠맡았다. 그는 부분적으로 이미 칸트의 영향을 받고 있었다.[451] 《독일 일반시민법전》은 사항적으로는 이성법과 요제피나의 계몽주의 원칙에 근거하고 있었고, 개념적으로는 일반 지역법보다 엄격하고 체계적으로 완성되었다는 인상을 주었다.[452]

* [옮긴이] 현재의 오스트리아 민법전. 훗날의 독일 민법전과 구별.

2. 나폴레옹의 법전 편찬

프랑스에서는 법전 편찬 작업이 비교적 늦게 이루어졌다. 이 작업은 더 이상 계몽절대주의의 산물이 아니라 프랑스혁명과 그 후에는 나폴레옹의 영향을 받았다. 이미 앙시앵 레짐Ancien Régime 시기에도 몽테스키외와 볼테르 등을 인용한 활발한 개혁 움직임이 있었지만 정권의 세력이 약해서 관철시킬 수 없었을 따름이었다.[453]

혁명 직후인 1791년 9월 25일에 형법전Code pénal이 공포된다. 여기에는 계몽주의 자연법의 요구들로 채워져 있으며, 법관의 자의적 판단을 배제시키기 위해 법으로 정확하게 명시된 범죄 구성 요건과 처벌 시스템을 마련하고자 했다.[454] 사법私法에서는 처음에는 광범위한 법전 편찬이 성사되지 않았지만 "열정적이고 과열된 법 생산"[455]이 이어졌다. 그리고 나폴레옹이 직접 나서자 정체 상태에 있던 법전 편찬 노력이 다시 재개되어 완성될 수 있었다.[456] 1804년 3월 20일에 민법전Code civil이 정리되어 공포되었고, 이어 1806년에는 상법전, 1807년에는 민사 소송법Code de procedure civile, 끝으로 1810년에는 새로운 형법전이 공포되어 1791년에 공포된 형법전Code pénal을 대신하게 되었다. 이 법전들은 대부분 후기 자연법 이론의 내용적 원칙들과 프랑스혁명의 요구에 기초하여 편찬되었다. 법적 평등, 사적 공간의 자유, 법의 단일화와 안정성 및 체계화된 구조 등이 이들을 탄생시킨 원칙이었다.[457]

3. 미국과 프랑스의 인권선언

1770년 이래로 처음에는 미국에서, 이후에는 프랑스에서 다양한 형태로 인권선언이 행해진다. 그 속에는 근대 자연법의 결정적인 영향을 받아 근본적인 정의사상이 법으로 제도화된 형태로 명시되고, 이는 자유권으로서 국가를 상대로 보장받게 되었다. 이들 선언은 이성적 자연법의 가장 의미 있는 영향으로 오늘날까지도 도처에서 법이 더욱 발전해 나아가는 데에 영향을 미치고 있다.[458]

a — 미국의 인권선언

최초의 인권선언은 본국으로부터 독립하고자 했던 영국 식민지 미국에서 이뤄졌다. 그 행렬은 1776년 6월 12일 버지니아 권리장전에서 시작되어[459] 같은 해에 펜실베이니아, 메릴랜드 그리고 노스캐롤라이나에서 추가로 선언되었다.[460] 여러 권리장전과 헌법은 순서와 내용은 다르지만 구성과 주요 항목은 거의 일치했다.[461] 기본 조항에서 인간의 자연적, 천부적 권리를 인정하고, 인간은 모두 동등하게 자유롭고 독립적이라고 선언하고 있다. 예컨대 버지니아 선언의 기본 조항의 내용은 다음과 같다. "모든 인간은 태어날 때부터 평등하게 자유롭고 독립적이며 천부적인 여러 권리를 가진다. 이 중에서 재산을 획득하고 소유하며 행복, 안전을 추구하고, 여러 수단을 누리면서 삶과 자유를 향유할 여러 권리는 비록 인간이 사회 조직 속에 놓인다 해도 어떤 계약으로도 빼앗기거나 박탈당하지 아니한다All men are by nature equally free and independent and have certain inherent rights, of which, when they enter into a state of society, they cannot by any compact deprive or divest their posterity; namely the enjoyment of life and liberty, with the means of acquiring and possessing property and pursuing and obtaining happiness and safety."[462]

이들 권리를 보호하기 위해 공권력 행사에 대한 원칙이 개별적으로 정립되었다. 여기서도 국민주권 원칙은 최고의 위치를 차지하고 있다. 한 공동체의 다수는 정부가 보편적 복지, 국민의 보호 및 안전에 기여하지 않는다면 정부를 바꾸거나 폐지할 수 있는 권리를 보유한다. 국가 권력의 분립, 자유선거권, 언론 및 종교의 자유 그리고 관용에 대한 요청도 명시되어 있다. 형사 및 민사 절차의 보장에 대해서도 상세하고 차별적으로 설명하고 있는데, 예컨대 공정한 재판 청구권과 자의적인 체포로부터 보호하는 것 등이 그것이다.[463]

선언의 기본 정신은 1776년 7월 4일에 발표된 미국의 독립선언문에도 다음과 같이 매우 분명하게 표현되어 있다. "우리는 다음과 같은 것들을 자명한 진리로 믿는 바, 즉 모든 사람은 평등하게 창조된다는 것, 그들은 창조주로부터 양도할 수 없는 일정한 권리를 부여받는다는 것, 그리고 여기에는 삶, 자유 및 행복의 추구 등이 포함된다는 것, 이러한 권리를 확보하기 위해 인간들 사이에 정부가 수립되며, 이들의 정당한 권력은 피치자의 동의에서 비롯된다는 것We hold these truths to be self-evident, that all men are created equal, that they are endowed by their Creator with certain unalienable rights, that among these are life, liberty and the pursuit of happiness : that to secure these rights, governments are instituted among men, deriving their just powers from the consent of the governed."[464] 미국 독립선언문의 기초와 유래에 대한 질문은 수많은 논쟁을 야기했다. 옐리네크Jellinek는 무엇보다 종교의 자유의 요청 그리고 제도적으로 확실하게 보장되어 있었던 신교의 자유로운 양심의 결정이 그 기원이었다는 명제를 내세웠다.[465] 이 명제는 지금은 반박에 성공한 것으로 보인다. 이는 무엇보다도 하스하겐Hashagen, 포슬러Vossler, 보하텍Bohatec 그리고 파운드Pound의 연구 덕분이었다.[466] 인권선언문은 영국 식민지들이 모국인 영국과 정치적으로 대립하는 상황에서 영국법을 기반으로 하여 근대의 이성적 자연법 사상을 이어받아서 탄생했다.[467]

크릴레Kriele는 단순히 자연법철학 사상에서 인권선언을 이끌어낼 수는 없다고 했는데 이는 옳은 지적이었다.[468] 사전에 생각했던 (예컨대 인권과 같은) 사상이 개혁운동을 통해 실제 권리로 직접 반영되는 것과 같은 방법으로 철학이 법 제도의 역사에 일직선으로 영향을 미치지는 않는다. 이는 복잡한 상호작용 과정 또는 병렬적으로 진행되는 발전의 과정이다.[469]

선언의 계기는 정치적·경제적 이유에서였다. 특히 식민지에 대한 영국의 재정 및 통상정책, 그 중에서도 미국이 서인도와 교역하는 것을 막으려는 영국의 시도, 이에 따른 가택 수색과 체포,[470] 그리고 1765년 시행된 인지세법에 따른 조세정책[471]이 문제였다. 이런 계기들은 선언문의 내용까지 결정했는데, 이들은 모국과의 투쟁에서는 격문으로, 모국으로부터 무력으로 독립해야 하는 정당성으로, 그리고 새로이 건설되는 국가의 목표로 작성되었다.[472] 여기에는 영국의 전통에 기대고 있다는 사실이 분명히 드러난다. 공포된 법과 자유의 많은 부분은 보통법Common Law[473]에 실린 오랜 영국 법 규정들이다. 17세기와 18세기 영국의 정치와 문학에서는 법이 국가 권력보다 우위에 있다는 확신이 널리 분포되어 있었다. 사람들은 보통법Common Law과 제정법Statutes을 통해 개인의 자유와 재산이 보호된다고 생각했다.[474] 이때 자연법과 실정법 간의 대립은 없었다. 영국의 전통에서는 제정법과 관습 속에 존재하는 실정법과 자연법의 본질이 동일하고 일치한다고 보았다. 절대적 자연법은 실정법 속에서 실현되며, "이미 실정법 속에 있다."[475] 전해 내려온 영국 실정법에서 탄생한 이 전통적 자유권을 식민지 주민들이 자신들을 위해 사용한 것이다.[476]

이때 미국에 너무도 잘 알려져 있었던 근대의 자연법[477]은 이들 권리에 새로운 근거, 즉 보편적 인권의 성격을 부여해 이를 보완했고, 이것이 선언을 관철할 수 있는 힘을 실어주었다.[478] 선언문에는 어디에나 이성적 자연법의 흔적, 특히 로크와 몽테스키외의 흔적을 분명히 찾아볼 수 있다. 이제는 더 이상 전통적인 영국의 법 제도가 아닌 보편적이고 선先국가적인, 자연으로부터 적용되는, 양도 불가능한 천부의 권리가 된다. 이는 앞에서 글자 그대로 인용한 버지니아의 선언문과 미국 독립선언문에서도 확인된다.[479] 영국의 실증적 자유권 전통에 근거하여 아직은 자연 상태에 가까운 식민지 사회에서 추상적 자연법 이론의 실증화가 가능해진다.[480] 이것이 실증적 국법이 되고, 입법자도 구속해야 했기 때문에 동시에 실정법 위에 자리하게 된다.[481]

b —프랑스의 인권 및 시민권 선언

프랑스에서는 혁명의 분위기 속에서 1789년 8월 26일에 인권과 시민권이 선언된다. 이는 여러 부분에서 미국의 선언과 유사하지만 다른 한편으로 프랑스의 상황과 프랑스 계몽철학의 영향, 특히 루소에서 유래한 특징을 보인다.[482]

선언문 전문前文에서는 "자연적이고 양도할 수 없는 신성한 권리 droits naturels, inaliénables et sacrés"에 대해 말하고 있다. 제1조에 따르면 인간은 태어날 때부터 자유롭고 평등한 권리를 갖는다. 모든 정치적 결사의 목표는 "인간의 자연적이고 불가침적인 권리의 보존conservation des droits naturels et imprescriptibles de l'homme"(제2조)이라고 선언하고 있다.[483] 여기에는 자유, 재산, 억압으로부터의 보호 및 저항이 포함된다(제2조). 보편적 의지의 표현인 법률을 통해서만 사회에 해가 되는 행위를 금지시킬 수 있다(제5조, 제6조). 그 내용을 확정하는 데에는 모든 시민이 직접 또는 대표자를 통해 참여할 수 있다(제6조). 형사 권력은 법률의 유보 하에 놓여있다(제7조, 제8조). 모든 체제에는 권리의 보장과 권력의 분립이 요구되며(제16조), 언론과 출판의 자유가 보장된다(제10조, 제11조).

프랑스의 선언과 미국의 선언을 대조시켜보면 그 유사성이 매우 인상적으로 드러난다.[484] 부트미Boutmy[485]는 옐리네크Jellinek를 겨냥해 이렇다 할 미국의 영향을 확인할 수 없다는 논제를 내놓았지만 이는 틀린 것으로 증명되었다.[486] 직접적인 영향은 제퍼슨Jefferson에게서 이미 증명된다. 미국 수정 헌법인 권리장전Bills of rights은 프랑스혁명 이전에도 프랑스어로 번역되어 많은 부수가 팔려나갔다.[487] 다른 한편으로 당시 프랑스 철학, 특히 몽테스키외와 루소에까지 거슬러 올라가는 근본적인 차이도 놓칠 수가 없다.[488] 특히 특권의 폐지와 관련된 실질적 평등 원칙을 강력하게 주장하고 있다.[489] 미국의 선언이 막 건설되고 있는 새 정치계의 본국과 상이한 정치·경제 상황에 영국이 개입하는 것에 대해 저항하기 위한 것이었다면, 프랑스의 선언은 자국의 봉건 계급적 체제에 저항하기 위한 것이었다. 그 외의 중요한 차이점들은 이미 레즈로브Redslob[490]와 하버마스Habermas[491]가 연구한 다양한 자연법 이론에서 유래한 것들로, 선언에 영향을 미친 이론들이었다. 프랑스의 선언에서는 — 미국과는 달리 — 국가 이전 상태에서의 인권에 대한 언급은 없고, 국가 내에서의 정치적 권리만을 다루고 있다. 이런 점에서 루소의 일반 의지 원칙의 가정에서부터 출발하고 있다. 개인의 정치적 자유와 안전은 국가를 통해서만 보장될 수 있다. 사실 루소의 구상대로라면 국가 내에서 시민의 개별 권리를 확정하는 것이 불가능할 것이다. 루소에 따르면 자유의 보장은 국가 이전의, 자연적 상태를 보존하여 도달할 수 있는 게 아니고 본질적으로 일반의 이익이나 개별 시민의 이익을 위반할 수 없는 일반 의지volonté générale를 통해서만 가능하다.[492] 의회의 다수는 여기에 따르지 않았다. 그러나 루소 사상의 영향으로 인권을 국가 이전의 자유 상태를 부분적으로 보존하는 것으로 보지 않고 국가적, 정치적 권리이자 제도라고 보게 되었다. 그러나 이때 국가 권력은 루소에서와는 달리 사물의 본성(세상의 이치)에서 얻어지는 실체법에 따른 절차를 따라야 했다.[493]

코젤렉의
개념사 사전 13

근대적/근대성, 근대

Modern/
Moder
nität,
Moderne

자연법과 이성법의 상대화

계몽주의 이성법이 법전 편찬과 인권선언에서 정치적 성공을 거둠과 동시에 이성적 자연

법에 대한 회의론적 분열이 흄Hume과 칸트Kant에게서 시작된다.

CHAPTER VII

Relativierung von Natur- und Vernunftrecht
VII. 자연법과 이성법의 상대화

1. 칸트의 법 이론

●　●　● 　　　　계몽주의 이성법이 법전 편찬과 인권선언에서 정
치적 성공을 거둠과 동시에 이성적 자연법에 대한 회의론적 분열이
흄Hume과 칸트Kant에게서 시작된다. 적어도 전통 자연법 이론에
서 논란이 되었던 전제인 존재Sein에서 당위Sollen를 이끌어내는 방
식을 처음으로 단호하게 비판한 이가 흄Hume이었다. "내가 지금까
지 보아온 모든 도덕 체계에서는 저자들이 보통 일반적인 추론 방
식을 사용해 신의 존재를 확정하거나 인간사와 관련된 문제를 관찰
한다고 생각하고 있었다. 그러다가 느닷없이 나는 모든 명제가 일
반적 연결인 'is'와 'is not'이 아니라 전부 'ought' 또는 'ought not'
만으로 연결된 것을 보고서 놀라지 않을 수 없었다In every system of
morality, which I have hitherto met with, I have always remark'd that the

author proceeds for some time in the ordinary way of reasoning, and establishes the being of a God, or makes observations concerning human affairs; when of a sudden I am surpriz'd to find, that instead of the usual copulations of propositions, 'is', and 'is not', I meet with no proposition that is not connected with an 'ought', or an 'ought not.'"[494] 동시에 흄은 인간 행위의 최종 목적을 규정할 능력이 이성에게는 없다고 보았다.

유럽 법철학에서 칸트의 위치는 상반적이다. 한편으로 그는, 19세기 영향사적 관점에서 보면, 우주론에 기반했다가 그 이후 특히 인류학에 기반하고 있던 자연법 전통을 크게 파괴했다. 그가 흄의 방식에 따라 경험 문장에서 당위 문장을 이끌어낼 수 없다고 강하게 주장하면서 인간의 본성을 초실증적 법 이론의 근거로 내세우는 일은 중단되었다.[495] 다른 한편으로 칸트는 계몽주의 자연법의 실질적 요청을 절대로 포기한 것이 아니라 이를 다른 기반 위로 옮겨둔 것뿐이다.[496] 사실 (흄-) 칸트식 비판에 따라 "회의주의자 칸트"와 "형이상학자 칸트"를 경쟁시키는 것이 가능해졌다는 점에서 무엇보다 일반적인 법적 근거의 기반은 훨씬 더 위태로워졌다. 이는 '법'과 '정의'의 개념이 19세기 후반에 실천적-정치적 핵심 개념에서 뒤로 밀려나는 사전 작업이 된 셈이다.

칸트는 — 이 점에서는 전통에 따라 — 자연법과 실정법을 구별했다.[497] 입법자의 의지에서 탄생한 실정법(또는 성문화된 법)은 "그것이 옳은지 아니면 옳지 않은지iustum et iniustum를 확인해 볼 수 있는 기준"을 제시해주지 않는다.[498] 이런 기준은 이성에서만 찾을 수 있다. (예컨대 실제 법률이) "구속력를 갖는 근거는…… 인간의 본성에서 찾을 수 있는 것이 아니라…… 선험적으로 순수이성의 개념에서만 찾을 수 있다."[499] 칸트는 "법은…… 한 사람의 자의恣意와 다른 사람의 자의가 보편적 자유의 법칙에 따라 하나될 수 있는 조건들의 총체"[500]라고 법의 초실증적 원칙[501]을 규정했다. 이러한 개념 규정의 출발점은 일단은 일반성, 보편화 가능성 원칙을 내포하고 있는 정언명령kategorischer Imperativ이다.[502]

그러나 형식적이기만 했던 이 원칙들은 칸트에 의해 이미 "기초공사" 과정에서 실질적으로 보완되는데, 정언명령의 표현을 달리하여 인간에 대한 존중을 "목적 그 자체"로 요구한 것이다.[503] 그 외에도 칸트는 유일한 "선천적 권리, 즉 강요하는 타인의 자의로부터 독립될 자유"[504]를 인정하여 이를 더욱 실질화했다. 이러한 실질화Materialisierung는 자유 공간의 경계를 정하는 것을 법의 과제로 내세우는 보편적 법 원칙에 반영되었다.

이렇듯 칸트는 법과 도덕의 내용적 관련성, 즉 윤리와 법의 기본 원칙이 동일하다고 굳게 믿는다.[505] "그러니까 법 이론과 선 이론은 서로의 의무가 다른 것이 아니라"[506] 오히려 "의무에서 발생하는 의무적인 행위"[507]를 요구하는 윤리학과는 달리 법은 — 그 동기가 무엇이든 간에 — 외적으로 합법적인 행위라면 만족한다는 점에서 "다르다는 말은 틀리다."[508]

칸트의 실천 철학 주요 저술에서 이처럼 도덕과 자연법을 결합시키고 있지만 이것만으로는 법 원칙이 실정법에 미치는 의의에 대한 칸트의 견해를 파악할 수 없다. 실정법이 법 원칙에 따라야 하는 것은 맞지만, 저항권에 대한 칸트의 입장에서 나타나는 것처럼, 법 원칙에 모순된다고 해서 실정법이 무효가 되는 것은 아니다. 칸트는 저항권을 거부한다고 분명히 강조하고 있는데, "저항이……결코 위법과 다르지 않다고, 심지어 전체 법 체제를 파괴한다고 생각해야 하기 때문이다."[509] 저항권은 어떤 권리도 보호되지 않은 자연 상태로부터 "무엇보다 시민 상태로" 진입하는 의무를 거역하는 것이다.[510] 그래서 칸트는 "(잘못된) 국가 체제를 바꾸는 혁명"을 배척하고 "통치자"를 통한 "개혁"을 요구했다.[511] 칸트의 역사철학 저술에서 잘 드러나는 것처럼 그에게 개혁의 목표로 눈앞에 그려진 것은 "완전하고 정의로운 시민적 체제, 즉 전체적으로 법이 지배하는 시민사회에 도달하는 것"이었다.[512] 그는 그것이 "인간의 자연적인 권리와 조화되는 체제이기 때문에 법을 따르는 자들도 동시에 단합해서 법을 제정할 수 있어야 한다"고 생각했다.[513] 칸트의 실천철학에서의 긴장은 그 영향사에도 균열을 가져왔다.[514] 칸트의 자연법 비판은 한편으로는 법철학적 회의주의로 이어졌고 따라서 그 결과가 법 실증주의라는 것은 어쩌면 당연한 일이다. 다른 한편으로 칸트 도덕 철학의 내용적 요청은 자유주의 입헌 사상뿐만 아니라 여러 면에서 암묵적 가정이었던 19세기 독일 (민법의) 판덱텐 법학Pandektenwissenschaft의 기본 입장에도 영향을 미친다.

2. 자유주의 법적 견해의 표현인 법치국가 이론

칸트가 19세기 전반에 자유주의-입헌 운동을 통해 완성된 법치국가 개념[515]의 선구자가 될 수 있었던 것은 그의 역사철학 연구가 큰 역할을 했다. 파울 요한 안젤름 포이어바흐Paul Joh. Anselm Feuerbach는 칸트의 추종자들 중에서도 가장 초기의 법학자로서 세기 전환기 이래로 법치국가 사상의 중요한 원칙을 창안했다. 그는 칸트 법 개념의 자유주의적인 내용적 요소를 받아들이고 이를 법적 실증화 요구와 결합시켰다. 그래서 그는 "국가의 목적은…… 모든 시민 상호 간의 자유, ……모든 이들이 자신의 권리를 완전히 행사할 수 있고, 명예가 훼손되지 않는 상태"[516]라고 규정했다. 이러한 "법적 상태"가 되려면 "……사람들 간에…… 법이…… 확실하다는 것"이 전제되어야 한다. 실체적 자연법은 이성을 통해서는 설명할 수 없기 때문에 국가의 법 제정자가 특정한 법적 상태를 창조해야 한다는 것이다.[517] 그래서 포이어바흐는 법전 편찬 사상의 추종자이기도 한데, 그는 형법에서 "죄형법정주의nulla poena sine lege"[518] 원칙이라는 표현을 통해 이를 강력하게 주장했다. 포이어바흐는 기존의 이성법은 자제하면서 동시에 실정법에서 자유를 제도적으로 보장할 것에 대한 요구를 자유주의적인 신념과 결합시켰다. 실정법은 권력 분립이라는 형식적-법치국가적 요소 그리고 법관의 법 기속과 결합되어야만 개인의 자유권의 보증서로 파악될 수 있다.[519]

벨커Welcker는 법치국가의 실질적 요소인 평등한 자유를 강조했다. 그에게 법치국가는 이성의 국가이다.[520] 법의 임무는 자유를 보호하는 것이다. "법적 상황은…… (자유로운) 개인들의…… 평등한 법적 자유(의 근거가 된다) ……평등한 법적 자유와 모순되지 않는…… 것은…… 법을 위반하지 않고, 법학적으로 옳다."[521] 이에 반해 몰Mohl[522]과 베어Bähr[523]는 자유권을 제도적으로 보장해야 한다고 강조한다.

기독–보수 성향의 슈탈Stahl도 "국가는 법치국가여야 한다……는 슬로건"에서 벗어나지 못한다. 사실 이는 더 이상 "국가의 목표나 내용"을 규정하려는 것이 아니고, "그것을 실현하는 방식과 성격"을 규정하려는 것일 뿐이다.[524] 이러한 제한은 슈탈Stahl이 정의를 내용적–형성적으로 이해하지 않고 "실정법의 위반할 수 없는 성질, 취득한 권리에 대한 보증, 법 규범 최후의 봉인封印[525]"으로 본 것과도 일치한다. 실정법에 저항하는 것을 "자연법을 근거로 내세워" "혁명의 악행Frevel der Revolution"이라고 부른 것은 계몽주의의 내용적 요청과도 차이가 있음을 분명히 보여준다.[526]

반면 19세기 초반의 사전들은 법 개념의 자유주의적 내용을 고수하고 있다. 1819년에 발간된 브로크하우스Brockhaus 제2개정판[527]에서는 '법'을 "개인들 간의 외적 자유를 강제적 도구를 통해 제한할 수 있는 규칙 또는 규범"이라고 정의하고 있다. 제7개정판(1830년)[528]에서는 개인주의적 접근 방식이 보다 더 분명하게 드러나는데, 이에 따르면 법은 "다른 자유로운 존재와의 상호 작용 속에서 자유로운 존재의 개인적 자주성을 유지하는 데"에 기여한다고 되어 있다. 브뤼게만Brüggemann[529] 사전에서도 칸트를 좇아서 '법'을 비슷하게 정의하고 있다. 이들 사전에서는 곳곳에서 자연법과 이성법의 중추적 의미가 강조되고 있다. 반면 '정의'의 개념은 전통적인 그대로 suum-cuique(각자에게 각자의 것을)* 공식과 관련된 "미덕"이 "정의"라고 규정하고 있다.[530]

주목할 만한 점은 프랑스 《대백과사전Encyclopédie》에[531] 이르기까지 18세기 사전에서는 상당한 역할을 해왔던 법 개념의 의무 측면을 더 이상은 분명히 언급하지 않고 있다는 점이다. 이는 법 개념이 바뀐다는 징후인데, 이는 이미 프랑스혁명에서 예고되었고 벤담Bentham의 공리주의에 기초한 법 개혁의 전제였던 것으로, 결국 예링Jhering은 "목적은 모든 법의 창조자der Zweck ist der Schöpfer des ganzen Rechts"[532]라는 법 이론적으로 인상적인 표현을 남기게 된다. 법은 더 이상 이미 주어진 규범에서 가져오는 것이 아니라 사회를 형성하는 도구로, 특히 일단은 법에 우선하는 자유를 보장하는 도구로 간주되었다. 이러한 법의 기능화[533]는 일반인의 의식에도 파고든 것으로 보이는 칸트의 법 개념에서도 확인된다. (주관적) 인권 및 시민권에 대한 요구는 일상적이었던 반면에 '객관적 법'이라는 단어와 개념은 '정의'의 개념과 마찬가지로 정치적 논쟁에서 일단 뒤로 밀려난다. 정치 투쟁에서는 '자유liberté' 혹은 '평등égalité'과

---

* [옮긴이] 각자에게 제 몫을 주라.

같은 표제어뿐만 아니라 '헌법Konstitution'과 '체제Verfassung'와 같은 단어가 지배적이었다.

3. 역사 법학, 판덱텐 법학, 그리고 예링의 자연주의 전환

구스타프 후고Gustav Hugo[534]의 저작들에는 계몽주의적 자연법과 결별하는 중요한 요소들이 담겨있는데 이런 점에서 그는 주로 역사 법학Historische Rechtsschule의 창시자 혹은 선구자로 분류된다. 이런 사실은 그의 주요 철학서인 《자연법 교본Lehrbuch des Naturrechts》의 부제를 "실정법의 철학Philosophie des positiven Rechts"이라고 붙인 것에서 이미 분명해진다.[535] 그 이후 후고는 "법학적인 것도 배워서 익히는 문제, 현재 상황에 자신을 맞춰가는 것"[536]이라고 표현했다. 법학의 도그마틱이 "무엇이 올바른가Was ist Rechtens?"를 묻는다면, 반대로 법철학은 "그것이 그러한 것이 이성적인가Ist es vernünftig, daß es so sei?"[537]를 묻는다. 그러나 이러한 비판적인 질문을 한다고 해서 "상부에서 법관에게 지시하고 국민들이 받아들인 법을 법관이 무시해야 하는 이론보다 더 위험한 학문은 생각할 수 없다"는 사실에는 변함이 없다.[538] 그래서 그는 칸트의 법 이론에서 법적 상태의 존속을 강조하는 부분을 부각시킨다.[539]

그러나 후기 계몽주의적 합리주의와 결별하고 이론적으로 새로운 방식으로 법에 접근한 것은 사비니Savigny에 이르러서였다. 그는 올바른 법은 비非역사적(초역사적)이고 모든 시대에 적용되는 자연법 및 이성법의 형태를 갖출 수 있다는 사상에 반대하면서, 법은 역사적으로 변화할 수밖에 없다고 보았다.[540] "법은 전부…… 풍습과 민족의 신앙, 그 다음으로 법학을 통해 창조되는 것이지, ……입법자의 자의에 의해 창조되는 것이 아니기 때문에……"[541] 사비니는 티보Thibaut[542]와의 논쟁에서 계몽주의 시대의 법전 편찬 사상에 반대했다. 그가 법전 편찬, 특히 《나폴레옹 법전Code Napoléon》[543] 편찬을 꺼려했던 것은 "관습법Gewohnheitsrecht"의 중요성을 사회학적으로 제대로 통찰했기 때문이기도 했고 — 사비니[544]는 제자였던 푸흐타Puchta[545]처럼 당시에 특히 법학자들이 이를 발전시켜왔다고 보았다 — 프랑스혁명과 그 원칙들에 대한 반감 때문이기도 했다. 이런 점에서 역사적 정당성[546]을 고집하는 사비니의 법 이론은 복고적인 국가 이론Staatstheorien[547]에 가까웠다.

사비니의 특별한 영향으로 한 세기 동안 독일 법학을 좌지우지했고, 독일을 넘어서까지 영향을 미친 판덱텐 법학Pandektenwissenschaft이 창설되었다. 여기서 민법학만을 다룬 것은 민법이 19세기에 경제사회적으로 우선시되었고, 법학적 자극이 민법에서 촉발되었기 때문이기도 했다. 판덱텐 법학은 로마법의 소재("사후적 계수繼受: Nachrezeption")[548]를 개념적-체계적 방법으로 다룬다.[549] 판덱텐 법학의 가치가 담긴 기본 개념은 — 칸트의 중재를 통해 — 특히 '사적 자치Privatautonomie'와 '계약의 자유Vertragsfreiheit'와 관련해서 계몽주의 시대의 개인주의와 결부되어 있다.[550] 경제 주체를 해방시킴으로써 — 비록 현대 자본주의의 특징적인 법 제도가 로마−법적인 것에서 유래한 것은 아니지만 이 기본 입장에서는 로마법의 소재와 일치했다 — 판덱텐 법학은 경제 생활을 영위하는 시민의 경제적 요구와 관심에도 부응했다.[551]

판덱텐 법학의 특징인 "개념적 형식주의begriffliche Formalismus"[552]는 세 가지 취약점으로 인해 법 이해에 관한 새로운 문제 제기와 해결책을 낳았다. 우선 실제와의 격차는 사회학에서처럼 법을 실용적으로 이해하도록 압박했는데, 이는 예링Jhering이 주도했다. 두 번째로 형식법적인 자유와 평등에만 치중하다 보니 불이익을 받는 계급에게도 실질적 자유와 평등을 제공할 것을 요구하는 사회주의자들의 저항을 불러 일으켰다. 끝으로 법학 분야 안팎에서 자연법의 기반이 와해됨으로써 법 실증주의가 촉진되었고, 이로써 판덱텐 법학의 로마−법적 토대가 위태로워 보이기 시작하면서 민법에서는 새로운 법전 편찬 움직임이 일어났다.[553] 지금부터는 '법'과 '정의'를 이해하는 데에 중요한 이 세 가지 발전들을 다룰 것인데, 이와 관련하여 우선 예링이 독일의 민법학에 가져온 변화를 자세히 들여다보겠다.

예링Jhering이라는 이름은 역사법학historische Rechtsschule과 여기서 탄생한 판덱텐 법학에 남아있던 이상주의적 전제와 단호하게 결별한 것으로 대표된다.[554] 벤덤Bentham과 다윈Darwin의 영향을 받은 예링은 사회적 공리주의Sozialutilitarismus 관점에서 법을 해석하면서도 경험적 분석과 실질적−법 정책적 행위 지시를 엄격하게 분리하지는 않았다. 한 국가 내에서 적용되는 강제 규범의 총화[555]인 법은 통제된 권력이다. "이로써 권력은 하나의 기준을 제시한다. ……권력은 하나의 규범을 인정하여 거기에 자신을 종속시키는데, 권력이 직접 인정한 이 규범이 법이다.[556] 법은…… 국가 권력이 자신이 제정한 법률에 스스로 복종하는 것이다."[557] 따라서 법과 법률의 지배는 규범이고, 자의를 배제시키는 것인데,[558] 형식적 정의,[559] "상대적…… 평등"[560]은 이 규범에 해당된다. 내용적으로 정의는 — 예링의 사회적 공리주의에 충실하게 —"사회의 안녕Wohl der Gesellschaft"[561]을 지향한다. "도의적인 것das Sittliche"[562]의 차원 중 하나인 "정의"는 "사회의 안녕이라는 조건"을 통해 결정된다. 즉 "정의가 허물어져야 세상이 산다pereat iustitia, vivat mundus."[563] 따라서 형벌 정의는 추상적으로 공정한 보복을 보장하는 것이 아니라, "인류의 최초이며 최고 과제의 하나, 즉 범죄로부터 사회 질서를 유지하고 보호하는 과업을 해결하는 것"[564]이다.

여기서 "사회의 안녕"이 무엇인지를 누가 정의하느냐는 문제가 해결되지 않았다. 예링은 한편으로는 "현실적으로" 사회의 권력 관계가 이를 정의한다고 보는 경향이 있는데,[565] 그래서 그는 "…… 법과 국가에 대한 마르크스의 표현에…… 한끝 차이로" 접근했다.[566] 이에 따르면 법은 통치자가 자신의 지배권을 위해 의식적으로[567] 만든 목적적 창조물이다. 법이 억압이기는 하지만 "계량되지 않은 강제에 비교해 보자면 계량된 강제는 선행"이라고 볼 수 있기 때문에 법은 무력한 자에게도 도움이 된다.[568] 더 나아가 법 규정은 실정법에 내재되어 있는 원칙을 찾아내고 거기서 현실을 (실정법의 현실까지도) 측정하면서 법의 자기 운동, "법의 자기 비판"[569]을 통해 새로워지는 경향이 있다.[570] 바로 이런 점에서 한편으로는 지속적으로 변화하는 권력 관계의 현실에 복종하지만 다른 한편으로는 "역사 속의 하나님"도 인정하는 예링의 발언 속의 법과 정의에 대한 해결되지 못한 긴장이 드러난다.[571]

코젤렉의
개념사 사전 2
진보

자연법의 재건과 비평

현대의 '법'과 '정의' 사상에 있어서 사회주의 운동은 아무리 높이 평가해도 지나치지 않을 만큼 중요한 의미를 지닌다. 저자들마다 많은 차이가 있기는 하지만 사회주의 법 이론은 (특히 경제 분야에서도) 평등주의를 지향하는 정의 사상에 근거해 당대 실정법을 비판하는 모습을 보여준다.

CHAPTER VIII

Rekonstruktion und Kritik des Naturrechts
VIII. 자연법의 재건과 비평

1. 헤겔과 헤겔학파의 법 이론

●●●   19세기 전반의 전통적 기류 중에서 세 번째는 헤겔과 헤겔학파의 법 이론이었다. 헤겔은 칸트의 형식주의Formalismus[572]와 사비니의 비이성주의Irrationalismus[573]와는 분명히 선을 그었다. 뒤에 나오는 설명에서 그의 기본 가정이 드러나겠지만, 동시에 정의正義 이론이기도 한 헤겔의 법 이론은[574] 체계적−변증법적 개념 설명을 배척하는 방식의 추상적인 개념 정의 때문에[575] 간략하게 특징을 설명하기가 어렵다.[576] 그래서 체계적인 상관 관계[577]가 전개되지 않는 한 헤겔의 '법'과 '정의'[578]에 대한 "개념 정의"에는 별다른 내용이 없고, 따라서 영향력의 폭이 전반적으로 비교적 미미한 것도 여기에서 설명된다. 반면 잘 알려진 것처럼 《법철학 Rechtsphilosophie》 서문[579]에서 이성과 현실을 동일시 한 것은 전혀 사

정이 다른데, 이는 실정법과 초실증적 정의 요건의 관계에 대한 헤겔 이론의 핵심 발언으로 해석되며, 더 구체적으로 말하자면 당시 프로이센이라는 국가와 개혁 및 혁명에 대한 그의 입장을 핵심적으로 표현하는 것으로 해석되었다.[580] 이 논쟁은 헤겔 사후 4년 만에 이미 전면적으로 전개되었고,[581] 지금까지 진행되고 있다고 해도 과언이 아니다. 보수주의자들[582]뿐만 아니라 자유주의자들[583]도 이 둘을 동일시하는 것은 '법'과 '정의' 사이의 긴장 관계를 (실증주의적으로) 부정하는 것이라는 결론을 이끌어낸다. 이들은 헤겔이 당시 프로이센이라는 구체적인 국가 속에서 이성이 세계 역사를 통해 그 행보를 실현하는 것으로 본다고 생각했다. 이런 주장을 뒷받침하는 증거들로는 헤겔이 자신의 《법철학*Rechtsphilosophie*》[584]에서 국법 내 세부 사항을 지적한 것 외에도 "세상이 어떠하여야 하는지를 가르치기"에는 철학은 늘 한 발 뒤늦다[585]라고 비판한 점, 그러나 무엇보다도 국가를 "윤리 사상의 실제, ……구체적 자유의 실제"[586]라고 찬양한 그의 국가 숭배 때문이었다.

반대 입장에서는 헤겔이 모든 "우연한 존재에게…… 실제라는 열정적인 이름을 얻을 자격을 인정"해주는 것은 아니라는 점을 지적했다.[587] 이런 시각은 헤겔이 '실정법positives Recht'과 '자연법Naturrecht' 및 '철학적 법philosophisches Recht'[588]을 분명히 구별하는 것과 일치한다. "자신의 이론에 대해 권위를 지니고 있는""역사적 학문"이라는 특성을 가진 실증적 법학은 "특정 법 규정이 합리적인지를 묻는 질문을 의아하게 생각"해서는 안 된다는 것이다.[589] 그는 정치적 저술에서도 정의, 합리성, "소위 자연적 국가법의 근원으로서의 이성"을 실정법과 반복적으로 경쟁시키고 있다.[590] 이 부분이 국가에 대한 헤겔의 견해를 자유주의적으로 이해하는 출발점인데, 국가는 법치국가로서만 윤리적 이념과 구체적 자유의 실제가 될 수 있다고 보았다.[591]

헤겔 우파hegelsche Rechte는 1848년까지 전반적으로 자유주의적 헤겔 해석[592]뿐만 아니라 자유주의적 법 국가 이해의 입장을 고수했다.[593] 혁명 시기[594]에는 헤겔 우파 내의 "좌익"인 미슐레Michelet[595]와 오펜하임Oppenheim이 사회 문제에 더욱 귀를 기울였다. 오펜하임은 프롤레타리아를 위한 광범위한 개혁 프로그램과 함께 "실용적 사회주의"를 요청했는데, 그는 이와 관련하여 '정의'라는 단어를 사용하면서 이렇게 호소한다. "자유의 이상을 찾은 것은 오래전이지만 이 이상은 실제 자유가 되지 못했다. 실제 자유는 정의이고, 정의는 비례적 평등이다."[596] 여기서 흥미로운 것은 그 후에도 계속 사용된 능력-성과-필요-공식Fähigkeits-Leistungs-Bedürfnis-Formel을 변형시켜 정의에 대한 요구를 구체화했다는 것이다. "누구나 각자의 능력대로, 각자의 능력은 자신의 성과대로!"와 같이 말하는 것으로는 부족하고 "누구나 각자가 필요한 만큼!"이라고 해야 하는데, 이때 잊지 말아야 할 것이 "각자가, 자신의 성과에 비례하는, 자신의 합법적 필요대로 실제로 자격을 갖추기 위해서는 자신의 능력에 따르는 의무가 있다"[597]는 점이다. 이는 노동을 의무화하고 필요의 합법성을 감독하는 것처럼 형식주의적으로 들릴 수 있지만 오펜하임은 "연대감Solidarität"이라는 의무는…… "개인적 생활을 포기하지 않고"도 충족할 수 있다는 맥락에서 이를 언급한다.[598]

2. 사회주의, 특히 마르크스주의 사상에서의 '법'과 '정의'

현대의 '법'과 '정의' 사상에 있어서 사회주의 운동은 아무리 높이 평가해도 지나치지 않을 만큼 중요한 의미를 지닌다. 저자들마다 많은 차이가 있기는 하지만 사회주의 법 이론은 (특히 경제 분야에서도) 평등주의를 지향하는 정의 사상에 근거하여 당대 실정법을 비판하는 모습을 보여준다. 여러 철학적 포장에도 불구하고 사회주의는 아마도 19세기와 20세기에 (실증법을 측정해볼 수 있는) 초실증적 법 이념을 가장 강력하게 선전했다고 볼 수 있다.

사회주의 운동은 원래 정의의 이상을 평등의 이상으로서 정치 사회적으로 구현하는 것을 목표로 내세웠다. 이러한 논거는 프루동까지 계속되었다. 프루동Proudhon은 '정의'[599]라는 단어를 너무 과장하여 사용했다. 그에게 정의justice는 조종하는 법률, "불가피한 제재 sanction inévitable"로서 동시에 "영구 평화paix perpétuelle"[600]를 보증하는 것이었다. 내용적으로 "정의"는 경제·정치적 균형("équilibre")으로 이해되었는데,[601] 사유재산, 중앙집권주의, 독재 그리고 국가이성에 반대하는 그러한 균형만이 사회의 안정을 보장해준다.[602]

사회주의 운동의 법 이론에 결정적이었던 것은 마르크스의 저작이 지만, 그는 완성된 법 이론은커녕 체계적인 정의에 대한 이론조차 남기지 못했다. 청년기에 발표한 몇몇 기고문을 제외하면 마르크스 는 (규범적인) 정의에 대한 숙고에서 정치적 요구를 이끌어내기를 단 호히 거부했다. 그는 프루동의 방식과 결별하는 것이 사회주의적 유 토피아에서 학문으로 가는 결정적인 단계라고 생각했고, 그래서 그 는 — 프루동을 빗대어 — 이렇게 조롱한다. "사람들이 "고리채高利 債"가 "영원한 정의justice éternelle", "영원한 공정성équité éternelle", "영원한 상호 관계mutualité éternelle" 그리고 다른 "영원한 진실 vérités éternelles"에 반한다고 말할 때 교회의 장로가 그것이 "영원한 자비grâce éternelle", "영원한 믿음foi éternelle", "영원한 신의 의지 volonté éternelle de dieu"에 반한다고 말할 때보다 고리채가 무엇인 지에 대해 더 많이 안다고 할 것인가?"[603]

마르크스가 정의의 가정을 갖고서 논거를 제시한 것은 "언론의 자유Preßfreiheit"[604]와 "목재 절도법Holzdiebstahlsgesetz"[605]에 대한 라 인 주州 의회의 논쟁에 관하여 《라이니쉐 차이퉁Rheinische Zeitung》 (1842년)지에 기고한 초기 글에서 정도만 발견된다. 여기서 그는 자 유와 평등을 아우르는 초실증적인 법 개념이 실정법의 비판적인 기 준이 되기 위해서는 "법률이 실증적이고, 투명하고, 보편적인 규범 (이 속에서 자유는 비개인적이고, 이론적이며, 개인의 자의에 종속되지 않 는다)"이라고 불리며,[606] 더불어 "개인의 이익을 위해 법의 불멸성 이 희생되어서는 안 된다"고 요구할 수 있어야 한다고 말한다.[607]

법에 대한 마르크스의 견해에서 결정적인 것은 역사적 유물론으로의 전환이다. 이에 따르면 법은 의식의 일부이고 경제 관계의 실제 토대인 존재Sein를 통해 결정되는 상부 구조의 일부이다.[608] 역사 발전의 우위는 물질적 생산력과 이 생산력에 따르는 생산 관계의 발전에 있기 때문에, 마르크스는 "도덕, 종교, 형이상학, 그리고 기타 이데올로기가 (즉, 법도 포함) 독립적이라는 인상은 오래 가지 못한다"고 정곡을 찌르는 표현을 할 수 있었다. "이들은 역사도 없고, 발전도 없었으며, 물질적 생산과 물질적 거래를 발전시키는 인간이 이러한 이들의 현실과 함께 이들의 사고와 그 사고의 산물을 변화시킨다."[609] 법은 당대 지배 계급의 권력 수단으로서,[610] 경제에 좌우되는 권력 배분을 안정시키기 위한 것이다.

마르크스의 역사적 유물론에서는 인간의 항구적인 이성적 본성을 부인하기 때문에 초시간적 법 원리들을 인정하지 않는다. "그러니까 의식은 처음부터 이미 사회적 산물이었고 인간이 존재하는 동안에는 계속 그러할 것이다."[611] 따라서 자연법이나 이성법의 존재는 아예 배제된다. 그럼에도 불구하고 마르크스는 당시 법 규범의 관점에 비추어서도 설득력 있게 "법의 비판Kritik des Rechts"[612]을 요구하면서, 경제적 여건에 따른 부자유와 불평등의 측면에서 볼 때 법적 자유나 평등의 요청은 환상이라고 주장했다. 특히 시민권의 핵심 범주인 사적 자치Privatautonomie가 비판의 대상이 되었다. 즉 노동 계약을 체결하는 "노동자는 이중적 의미에서 자유로운데, 자유로운 인간으로서 하나의 상품인 자신의 노동력을 마음대로 사용할 수 있다는 점에서 그렇고, 다른 한편으로는 자신의 노동력을 실현하는 데 필요한 일에서 완전히 벗어나 다른 제품을 팔지 않아도 된다는 점에서 그러하다."[613] 따라서 자유와 평등은 그것이 실질적으로 이행되기 위해 필요한 여건이 갖추어지지 않는 한 형식적일 수밖에 없으며, 이 여건은 사유재산을 폐지해야만 조성될 수 있다.

그러나 문제는 자연법이나 이성법을 배척하는 유물론이 어디에서 비판의 기준을 가져왔냐는 것인데, 현실과 이데올로기적 요구 사이의 모순을 보여주기만 하는 것은 이 요구가 실제로 정당성을 인정받지 못한다면 그것만으로는 부족하다. 사실 마르크스는 (종말적) 공산주의 단계[614]에 대한 빈약한 설명을 통해 그 기준을 가져왔는데, 그가 제시한 조건에 따르면 이는 규범적 강령을 이행한 것이 될 수 없다(그래서 그는 '정의'라는 용어를 긍정적인 의미뿐만 아니라 격정적인 의미로도 전혀 사용하지 않는다).[615] 어떻게 미래의 발전을 비판하는 것이 가능한가에 대한 질문은, 물론 필요해보이기는 하지만, 상당한 인식론적 문제를 담고 있다.[616] 규범적으로 재구성해보면 공산주의적 종말에 대한 설명은 규범적인 사회적 이상으로, 정의로운 사회의 운명으로 묘사될 수 있다.[617] 사유재산제도가 종식되면 "물적인 생산 조건은 노동자들 자신의 조합 재산이 되며," 조합주의적 생산 방식의 결과, 협소했던 시민적 법의 지평, 즉 성과 중심이고, 그리고, 능력에 주목하기 때문에, "모든 법들이 그렇듯이, 그 알맹이는, 불평등했던 법, ……이 시민적 법의 지평이 대폭

확장될 수 있다." 공산주의 사회에서는 다음 원칙이 적용된다. "누구나 자신의 능력대로, 누구에게나 자신의 필요대로"[618] 분업의 폐지와 인간의 다방면의 발전은 상호 간의 작용에 따라 이루어진다.[619] 공산주의 사회에서도 인간은 "자연과의 물질 대사를 합리적으로 처리"해야 하기 때문에 "필연의 영역"을 벗어나지 못하지만, "이 영역 (즉, 필연의 영역)을 벗어나서는 자기 목적적으로 간주되는 진정한 자유의 영역[620]인 인간적 힘의 전개가 시작된다." 엥겔스는 이러한 이상적인 사회의 상태를 이렇게 표현한다. "드디어 자기만의 사회화 방식을 터득한 인간들은 이로써 동시에 자연의 주인, 자기 자신의 주인, 자유인이 된다."[621]

신칸트주의의 영향을 받으면서 정치적으로 대부분 수정주의에 속하는 세기 전환기 저자들에게 종말에 대한 기대와 정치적 목표 설정을 (형이상학적으로) 결합시키는 경향이 사라진다.[622] 사회의 분석과 전망은 (적어도 추세 측면에서는) 경험적-인과 분석적으로 연구하는 사회학자들에게 맡겨졌고, 이들은 경험적으로 발견할 수 있는 법도 사회학적으로 연구했다.[623] 이와는 상반되게 제시된 "요청"이 칸트를 계승하여 "이성론적으로"[624] 획득되어야 하고 구체적인 정치적 조치의 기준이라는 "평등 및 정의 사상"[625]이다.[626]

헤르만 코헨Hermann Cohen에 따르면 "자치가 사라지면, 이상적인 인격을 가진 예지인叡智人homo noumenon, ……자유의 비약 그리고 법과 정의에 대한 열정도 수포로 돌아간다." 코헨은 "자신의 힘이 미치는 시대에 정치적 자유주의와의 결합을 창조해내려고" 했는데, 그에 따르면 칸트는 정언명령의 인간―목적 공식을 통해 "독일 사회주의의 진정하고 실질적인 원조"이다.[627] 이러한 이론적 기반의 변화는 그 이후 사회민주당의 발전에 중대한 역할을 하게 된다.[628]

정통 마르크스주의는 마르크스의 입장을 고수했다. 카우츠키Kautsky는 "생산 수단의 사유재산제와 국가적 모순을 극복하고 난 이후의 영원한 평화는…… 희망찬 미래를 열어주는 윤리적 이상향"이라면서, 이 이상향은 "자유, 평등, 형제애, 정의, 인도주의와 같은 윤리적 이상에 도취해서 얻은 것이 아니라 냉철한 경제적 관찰에서 얻은 것"이라고 했다.[629] 레닌도 이와 비슷하게…… "'정의', '법' 그리고 그 외 유사한 것들에 대한 무늬만 사회주의적인 빈말"이라는 표현을 사용했다.[630]

3. 사회주의 법 개념의 수용

비非사회주의 이론가들도 점점 더 사회주의 저자들의 사상을 토론하기는 했지만[631] 처음에는 별다른 실제적인 영향이 없었다. 비엔나 출신의 "법학자이자 사회주의자"인 안톤 맹거Anton Menger의 《시민법과 무산계급Das Bürgerliche Recht und die besitzlosen Klassen》은 예외로 간주되는데, 독일 민법전(BGB)를 통해 시민법을 편찬할 때 여기에 대한 토론이 이루어졌고 규정 중 하나로도 반영되었다.[632] 맹거는 정의가 권력의 문제,[633] 즉 무산계급이 진보하기 위해서는 이들의 힘을 성장시키는 방법밖에 없다고 주장한다. 하지만 그는 동시에 정의에도 호소하면서 칸트의 인간—목적 공식을 인용하여 현실적인 힘의 구도 내에서 민법전을 편찬할 때 보건이나 노동력 보호 등을 개선해야 한다고 요구한다.[634] 1920년대 소비에트 러시아의 법 이론에 수확이 있었던 국면에서는 특히 법과 국가가 사멸한다고 한 엥겔스[635]의 이론이 전면에 등장했다. 이를 가장 강력하게 대변한 자가 파슈카니스Paschukanis로, 그는 "법 형태가 역사에 좌우됨"을 증명하려고 하면서도[636] 물물교환 사회의 법 개념에만 국한해 관찰했다.[637] 반면 스투츠카Stučka는 사회주의로 넘어가는 과도기에 혁명적 변화를 위한 법률과 법의 중요성뿐만 아니라[638] 현실적으로 사회주의에서 경제관리법Wirtschaftsverwaltungsrecht이 민사법을 대체할 것임을 강조했는데, 결과적으로 경제관리법은 긴 과도기를 거치면서 점점 법적 성격을 상실했고 결국 기술적인 성격만 갖게 되었다.[639]

서구 국가에 마르크스 철학이 재수용되면서 특히 60년대 이래 독일에서도 마르크스의 저작들 뒤에 숨어 있는 규범적 호소가 여러 면에서 다시 조명된다. 여기에 특징적인 것이 에른스트 블로흐Ernst Bloch[640]의 "구체적 유토피아konkrete Utopie" 사상이다. 블로흐에게 "정의는…… 자유, 평등, 형제애"인데, "역사와 무관한 목표"로서가 아니라 "사회의 전개 과정에서 자신이 경향이나 가능성을 가지고 있다는 것을 증명할 수 있는 이상"으로서의 그것이다. "아래로부터의 실질적인 정의는 보복을 행하고 남을 흠잡는 스스로에게 저항하는 것이며, 정의를 행한다는 구실을 내세워 본질적으로는 부정을 행하는 것에 저항하는 것이다." 블로흐는 모든 착취가 사라진 계급 없는 사회에서 "자신의 능력대로 생산하고, 자신의 필요대로 소비하는 권리를 최후의 주관적 법"이라고 불렀는데 이는 마르크스와 내용적으로 일치한다.[641]

19세기 말 이후의 발전

19세기가 끝나갈 무렵에는 일반 대중의 의식에서뿐만 아니라 법학에서도 법 실증주의가

크게 인정받는다. 인기 있는 백과사전과 유명 법 이론가들 사이에서 '법'의 개념 정의가

일치하는 것이 눈에 띈다.

CHAPTER IX

Die Entwicklung seit dem Ende des 19. Jahrhunderts
IX. 19세기 말 이후의 발전

1. 법 실증주의

● ● ●　　　　19세기가 끝나갈 무렵에는 일반 대중의 의식에
서뿐만 아니라 법학에서도 법 실증주의가 크게 인정받는다. 인기
있는 백과사전[642]과 유명 법 이론가들 사이에서 '법'의 개념 정의가
일치하는 것이 눈에 띈다. 이런 상황을 가장 예리하게 표현한 자가
카를 베르크봄Karl Bergbohm이었다. "법으로 작용하는 것만 법이
고, 그 외에는 어떤 것도 법이 아니다. 그리고 예외 없이 이들(법으
로 작용하는 것들)은 모두 법이다."[643] "법 개념"이 이렇게 "까칠해
야"만 법관들에게 발생하는 "가장 난처한 갈등", 즉 "글자 그대로,
구체적인 법(실정법)만이 법이다"[644]라는 입장을 "전적으로 견지하
지 않을 때" 발생할 수 있는 상황을 피할 수 있다고 했다. 그러나
이에 따르면 법을 적용할 때 '법'과 '정의'의 간격이 최대한 멀어질

뿐만 아니라("법의 존재와 법의 가치 또는 무가치함은 별개의 문제이다")[645] 정의에 대한 모든 사고가 다음과 같은 비난을 받게 된다. 즉, "법의 분야에는 철학적 사고의 결과인 객관적인 진실은 전혀 없고, (예술가적 상상까지는 아니겠지만) 주관적인 윤리적 감정, 이성적인 숙고, 정치적 노력 등을 기록한 불확실한 사고만 있다." 그리고 "그것은 기껏해야 공동 생활의 이상적인 규범에 대한 대규모 단체의 일시적인 관찰 방식이나 체감 방식, "여론" 정도만 있을 뿐이고, 그 이상은 아니다."[646] 비슷하게 펠릭스 소믈로Felix Somló도 법적 사고의 관점에서 볼 때, "법적 권력(다른 용어로는 입법자, 국가, 통치 세력)이 모든 임의적인 법 규정을 제정할 수 있다는 진실은 뒤집을 수 없다"고 말한다.[647]

이러한 급진적인 입장에 반대하면서 소위 승인 이론Anerkennungstheorie에서는 입법자의 권력을 적어도 형식적으로는 제한한다. 법 공동체의 개별 동료들을 통해 법을 승인받는 것을 목표로 하는 개별 승인 이론individuelle Anerkennungstheorie(비어링Bierling과 라운Laun)[648]보다 일반 승인 이론generelle Anerkennungstheorie이 널리 확대될 수 있었던 것은 무엇보다 게오르크 옐리네크Georg Jellinek가 유명한 그의 《일반국가론Allgemeine Staatslehre》에서 이 이론을 내세웠기 때문이다.[649] 옐리네크는 초창기 저서에서 법을 유명한 "윤리적…… 최소한"[650]의 형식으로 각인시키면서 법을 자유주의적으로 제한할 것을 분명히 요청했는데, 여기에는 실제 윤리적 의식 속에 법의 심리학적–사회적 위치까지도 내포되어 있었다.[651] 이런 사고에 따라 옐리네크는 "그래서 결국에는 법의 실증성은 반드시 법의 유효성에 대한 확신"에 근거한다고 말하는데, 이때 법에 따른 의무가 개인의 자의에 맡겨져서는 안 되기 때문에 "평균적 국민"이 어떻게 생각하느냐가 중요하다고 말한다.[652]

승인 이론은 20세기 가장 중요한 실증주의 법 이론가인 한스 켈젠Hans Kelsen의 거센 비난을 받는다. 그는 승인 이론이 경험적이고 규범적인 요소들이 뒤섞여 방법론적으로 모호한 자연법적 계약 이론의 재탕이라고 말한다. 켈젠은 법학을 모든 경험적 혼합물이 제거된 엄격한 규범적 학문으로 확고히 하는 "순수한 법 이론"으로 만들려고 했다. 여기서 켈젠은 신칸트주의의 존재와 당위의 구분에 따른다. 켈젠에게 법은 인간 행동의 표준이 되는 강제 규범이다.[653]

켈젠은 경험적 실효성과 규범적 효력을 엄격하게 구별하면서 법 개념에 대해 "법 규범이…… 전체적으로 효력이 있을 것"을 요구하지만(즉 어떤 조건에 의해서conditio per quam가 아니라, 절대적 제약 공식conditio sine qua non으로서), "효력"이 있다고 해서 이로부터 "실효성"을 추론해내지는 않는다.[654] 역시 신칸트주의에 영향을 받은 그의 가치 상대적(가치 회의적이라고 하는 게 더 나을 것 같은) 입장에서는 효력을 가정적으로만 전제할 수 있다. 켈젠의 가정적 근본 규범은 — 적어도 가장 명확한 표현에 있어서는 — 문장을 법 규범으로 해석하고, 경험적으로 실효성이 있는 규범을 규범적으로 효력 있는 법 규범으로 해석하기 위한 선험적-논리적 조건이다.[655] 켈젠 스스로는 자신의 이론이 법 실증주의를 논리적으로 정확하게 표현했다고 여겼는데, "모든 임의적인 내용이 법일 수 있다"고 보는 점에서 법 실증주의와 일치했다.[656] "법이라고 칭할 수 있는 규범의 기준이 정의라고 가정한다면 서방 국가의 자본주의적 강제 규범은 공산주의적 정의의 이상이라는 관점에서 볼 때 법이 아니고, 소비에트의 공산주의적 강제 규범은 자본주의적 정의의 이상이라는 관점에서 볼 때 법이 아니다. 법의 개념이 이런 결과를 가져온다면 실증주의 법학은 이를 수용할 수 없다…… 효력이 있는 강제 규범의 내용이 부당하다고 판단될 수 있다고 해서 이 강제 규범을 법 규범으로 적용하지 못하게 할 이유가 되지는 않는다."[657] 그의 가치 상대적 관점에서 볼 때 "절대적 정의는…… 비이성적인 이상이다."[658] '정의'에 대한 소위 이성적인 정의는 "완전히 공허한 형식"이고, 기존의 규범을 정당화하기에도, 비판하기에도 부적절하다.[659] 통상적으로 정의의 원칙으로 제시되는 요구, 즉 같은 것은 같게 그리고 다른 것은 다르게 다루라는 요구는 정의에 대한 요구가 아니라 논리학에 대한 요구로, 다시 말해 규범들의 일반적 성격의 논리적 결과로 이해된다.[660] 켈젠 스스로는 상대적 가치 이론의 실질적 원칙으로 관용을 신봉했는데, 그는 관용이 자유, 평화 그리고 민주주의와 결부되어 있다고 보았다.[661] 켈젠의 법 이론은 전 세계적으로 논쟁의 중심에 서있다. 그에게서 영향을 받은 학자로는 미국에 거주하는 네덜란드 법 이론가로 켈젠의 학설을 경험적 방향으로 더욱 발전시킨 알프 로스Alf Ross[662]와 언어 분석적 접근 방식 등과 병행하

여 자연법의 경험적 차원에도 노력을 기울인 옥스포드의 법철학자 하트Hart 등이 있다.[663]

독일에서 법 실증주의 입장은 구스타프 라드브루흐Gustav Radbruch 가 강력하게 주장했다. 그의 "법철학Rechtsphilosophie"[664]은 독일 남서부 지역 신칸트주의자들(리케르트Lickert, 라스크Lask)로부터 영향을 받았는데, 그 중에서 특히 막스 베버Max Weber[665]의 영향을 받았다. 그의 법 개념은 한편으로는 가치 상대적으로 설명되지만 다른 한편으로는 — 홉스의 전통을 따라 — 실증주의적이었다. 공동생활의 규범에 대한 의견 차이로 인해 "(규범은) ……초개인적인 기관에 의해 분명히 통제되어야 한다. 그러나 상대주의적 관점에서 이성과 학문이 이 과제를 수행할 수 있는 능력이 없기 때문에 의지와 권력이 이 일을 떠맡아야 한다." 따라서 "법을 관철할 수 있는 자가…… 자신이 법을 제정하라는 부름을 받았음을 증명해야"한다.[666] 라드브루흐는 자신의 법 가치론에서 서로 해소될 수 없는 "긴장 관계"[667]에 있는 법 이념의 세 가지 측면을 구별했다. 이때 정의를 형식적 평등으로 이해한 반면 합목적성이 법의 내용을 결정했고, 법적 안정성에 대한 생각과 관련해서는 법의 평화적 그리고 규범적 과제를 다루었다.[668] (형식적) 정의 및 법적 안정성과는 반대로 (법의 내용적) 합목적성은 당사자들 간에 논쟁의 대상이며, 법철학적으로는 "가능한 법적 견해의 총론"으로만 다루어질 수 있다.[669] 라드브루흐의 법 개념에서 설명하는 것처럼 갈등이 불거졌을 때에는 법의 안정성이 우선시되며, 다만 순수하게 형식적인 정의의 원칙과 갈등이 발생하는 일은 원래 상상할 수 없고, 법의 기본적인 내용적 요건(예, 기본적 인권)과 갈등이 발생하는 일에 대해서는, 라드브루흐가 그 후에 "전향"한 것에서 알 수 있듯이, 충분한 고민이 이루어지지 않았다.

2. 대립되는 사조들

앞서 설명한 법 실증주의 입장이 (몇 가지 제한이 필요하기는 하지만) 20세기 법 이론을 지배했다고 볼 수 있을 것이다. 실증주의적 구상은 적어도 원칙에 있어서는 독일 법원의 실무까지도 좌지우지했다.[670] 그러나 이런 구상에 결코 논란이 없었던 것은 아니다. 그 중에서도 '법'과 '정의'의 관계에 대한 태도를 변화시킨 몇 가지 자극적인 동기를 구별할 필요가 있다. 우선 (최대한 광의적인 의미의) 자연법 사조에서 두 가지 자극을 언급할 수 있는데, 국가사회주의(나치) 자연법 사조와 전통적인 자연법의 부활, 특히 제2차 세계대전 이후 시기에 아리스토텔레스—토마스 자연법의 부활이 그것이다.

현재의 상황에 영향을 끼친 것은 법학적 방법론, 특히 일반법과 구체적 개별 사례 결정의 관계에 대한 논쟁이었는데, 이 문제는 지난 세기가 되어서야 비로소 법학의 핵심 테마가 되었다. 그러나 이와 함께 한편으로는 실정법의 구속력에 대한 생각에 변화가 있었고, 다른 한편으로는 법관이 내리는 결정에 요구되는 정의의 (법을 통해서 걸러지지 않은) 직접적 의미에 매우 큰 변화가 있었다. 법관의 평가가 중요하다는 방법적 인식이 (법 실무자들에게서도) 강화된 것은 개별 사례마다 정의가 다르다고 생각하는 경향이 점점 증가한 것과 밀접한 관련이 있지만, 아마 일반인의 가치 인식이 바뀌었기 때문이기도 할 것이다. 이런 경향은 부분적으로는[671] 법적 규정에 대한 요구가 증가한 때문이기도 할 것인데, 입법자가 이런 요구에 응할 수 없었고 때로는 응하려 하지 않았기 때문에 결국 이는 법관법Richterrecht의 중요성을 증가시켰다. 이런 추세가 법 개혁을 요청하는 중요한 여건을 형성했고, "정치적 법관"을 요구하는 데까지 치달았다. 이러한 요청은 사실 대부분 정치적 이념에서 나온다. 결국 이러한 경향은 《실천 철학의 명예 회복Rehabilitierung der praktischen Philosophie》(만프레드 리델Manfred Riedel)에 근거한 사회적 갈등의 공정한 해결 방법의 합리적 주장 가능성에 대한 부활한 낙관론을 통해 촉진되었을 뿐만 아니라 어떤 의미에서는 정리되었다. 본 저술에서는 서로 부분적으로 모순되는 이들 사조를 간략하게 기술하는 것에 그쳤다. 어쨌든 이런 여러 사조의 중요한 요소들이 세기 말까지 거슬러 올라가 그 나름의 역사를 형성했고, '법'과 '정의'를 성찰했던 이전 시대에 비해서는 새로운 현상이었다는 사실은 막스 베버[672]가 1913년에 저술한 법 사회학의 마지막 장에서 이 같은 내용들을 이미 세계대전 이전에 진단하면서 생생하게 보여주고 있다.

a —신헤겔주의와 국가사회주의 법 이론

1920년대 법 실증주의에 대한 신헤겔주의의 법철학적 비판은 실증주의 보완 이론이라는 비난을 받은 신칸트주의와의 논쟁을 통해 이루어졌다. 특히 율리우스 빈더Julius Binder는 그의 저서 《법의 철학 *Philosophie des Rechts*》에서 "객관적 관념론objektiver Idealismus"[673]으로 회귀할 것을 요청하면서 실정법과 법학을 윤리적 원칙, 즉 실정법만의 과제가 아니라 그것의 선험적 의미Sinn—apriori[674]인 "법 이념 Rechtsidee"에 결합시킬 것을 요구했다. 법학과 법의 적용에 있어서까지도 법 이념을 지향하게 되자 해석자들은 작업 과정에서 입법자의 역사적—경험적 의지를 연구하는 과정을 거쳐야만 했고, 마침내는 "법 규정에 내재하는 이성을 전개하려는 시도"까지 해야 했다.[675] 실증적인 원칙 속에 법 이념을 전부 망라할 수 없기 때문에 해석론은 법 이념의 부족한 부분을 내용적으로 채워주지 못한 채[676] 실정법에 등을 돌리는 수단이 되었다.[677] 그 후 여기에 "민족주의 법 사고"가 침투할 수 있었고, 라렌츠Larenz[678]의 판단에 따르면 여기에는 신헤겔주의가 "철학적으로 선구적인 업적"을 남겼다.

실증주의를 극복하려는 이러한 전통 속에서 우리는 1934년에 출판된 카를 슈미트Carl Schmitt의 강령서 《법학적 사고의 세 가지 유형에 대하여*Über die drei Arten des rechtswissenschaftlichen Denkens*》를 바라볼 수 있다. 슈미트는 "규범주의Normativismus", 즉 규칙이나 법률 속에서 사고하는 것과 "결정주의Dezisionismus", 즉 비로소 규범을 창조하는 결정 행위를 강조하는 것에 반대하고, 여기에 상반되는

"구체적인 규범적 및 형성적 사고"를 국가사회주의 법학의 토대로 제시한다. 새로운 유형의 성문화되지 않은, 초법률적인 법을 내세워 법률의 우위에 문제를 제기하며, 민족 공동체의 생활 규범, 모든 법 규정 이전에 제시된 이 규범이 법이 효력을 갖기 위한 전제 조건이라는 것이다.[679] 이를 통해 결국은 국가사회주의의 권력 쟁취를 통해 실현된 현실이 법적 구속력이 있음을 선언할 수 있었고, 독일 제2제국Kaiserzeit*과 바이마르공화국Weimarer Republik** 시대에서부터 전해 내려온 무더기 법적 소재들에 대한 "무제한적 해석"이 가능하게 되었다.[680] 법 규범을 규정으로 인정하지 않고 특히 국가 권력까지도 제어하려 했던 것은 초기 국가사회주의 헌법학자인 에른스트 루돌프 후버Ernst Rudolf Huber의 표현에 잘 드러나 있다. "정치적 헌법은 성문의 헌법 규정이 아니라 살아있는 근본 규범으로서, 그 안에서 민족은 역사적 형태를 획득하고 국가가 된다. …… 살아있는 규범으로서의 헌법은 규범이 아니라 행위를 통해 탄생하기 때문에 형식법으로 규정될 필요가 없다."[681] 실제 법 적용에도 우선되는 성문화되지 않은 법 원칙을 환기시키겠다는 취지로 특별히 국가사회주의 자연법을 선전할 수 있었는데, 그것은 "자연의 모든 실제 생명의 근원인 자연의 힘에 뿌리내리고 있는 공동체의 자연법으로, 피의 흐름, 토지의 양분 그리고 동일한 신념의 친밀함 속에 있는 것이다."[682] 사실 '자연법'이라는 명칭은 많은 저항에 부딪쳤

* [옮긴이] 1871년~1918년.
** [옮긴이] 1918~1933.

는데,[683] 과거 자연법 이론과는 내용적으로 완전히 다른 전통이 부활하는 것을 언어에서부터 배제시키려 했기 때문일 것이다.

물론 제3제국Drittes Reich[684]시대의 법을 준準자연법이라는 공동분모로 옮기는 일은 왜곡이 없이는 쉽지 않다. 위에 설명한 경향 외에 법 실증주의 사고도 총통(히틀러) 명령에 구속되어 있다는 주장에 의해 뒷받침되어 계속 작용했다. 1945년 이후에 국가사회주의 불법 체제에 대한 책임은 — 다시금 왜곡되어 — 이들 법 실증주의 사고에게 돌아갔다.[685]

b —제2차 세계대전 이후 실체적 정의의 이상의 부활

제3제국에서 맞이한 법의 파국에 대한 이러한 설명은 어쨌거나 1945년 이후에 자연법이 부흥하는 하나의 이유가 되었다. 이때 한편으로는 계몽주의 시대의 이성법을, 다른 한편으로는 아리스토텔레스–토마스의 전통을 다시 소급하였다. 그 최초의 표현은 1949년 독일연방공화국 기본법 제1조 제2항에서 "불가침의, 양도할 수 없는 인권을 세계의 모든 인간 공동체, 평화 및 정의의 토대"로 인정한 것에서 발견될 뿐만 아니라, 국가사회주의 법이 정의(이때 '정의'는 모든 인간이 기초적인 기본권 앞에서 평등한 것으로 이해된다) 및 "정의의 기본 사고와 인본주의"와 합치하지 않는다는 이유로[686] 그 효력을 박탈한 법원의 결정에서도 발견된다. 이와 같은 사고는 기본법 제1조부터 제20조까지의 기본권 목록으로 인해 형식적으로 독일 연방헌법재판소의 특징적인 입장인 헌법실증주의로 종결될 수 있었다.[687] 법원들, 특히 연방헌법재판소는 국가사회주의 불법 문제를 해결하는 과정에서 "라드브루흐 공식Radbruchsche Formel"을 적용했는데, 이에 따르면 부당한 실정법도 원칙적으로 구속력을 유지하지만, "실정법과 정의 사이의 모순의 정도가 너무 지나쳐서 해당 법이 '부당한 법'으로서 정의에서 벗어나는 경우에는 그러하지 않다"[688]는 내용이다. 실정법을 통해 — 적어도 원칙적으로 — 보장되는 법적 안정성과 정의에 대한 요구 사이에서 타협점을 찾고자 하는 이 공식은 — 아마도 그 개방성 때문에 — 지금도 계속해서 논란의 중심에 놓여있다. 개별 권리의 보호 외에도 자연에 의해 미리 주어진 규범에 개인이 구속되어 있음을 강조하는, 즉 의무 측면을 강조하는 아리스토텔레스–토마스의 전통은 특히 50년대에 혼인법, 특히 이혼법[689] 판결에 영향력을 행사했고, 그 외에도 풍속위반법에 영향을 미쳤다.[690] 이러한 자연법적 견해는 여러 가톨릭 저자들[691] 외에도 특히 1943년에 발간된 스위스의 신교 신학자 에밀 브룬너Emil Brunner[692]의 저작 《정의Gerechtigkeit》를 인용했다. 그러나 이러한 사고는 60년대 자유주의 진영[693]의 거센 비판에 밀려 점점 영향력을 잃어갔다.

자유주의 저자들이 (라드브루흐와 유사하게) 실정법의 우위를 원칙적으로 인정하면서 조심스럽게 그것의 한계를 정하려고 노력한 반면,[694] 최신 실천철학에서는 구속력 있는 정의의 기준을 합리적으로 획득할 수 있는 가능성을 다시 낙관적으로 평가했다. 물론 회의적인 의견들도 침묵하지는 않았다. 하버마스Habermas의 "실용적

담론praktischer Diskurs"[695] 이론은 독일에서, 그리고 롤스Rawls의 "정의 이론Theorie der Gerechtigkeit"[696]은 전 세계적으로 영향력을 행사했다. 롤스는 칸트와 사회 계약설을 인용해 두 가지 정의의 원칙을 세운다. 1) 모든 사람은 동일한 시스템에서 누구에게나 적용 가능한 평등한 기본적 자유가 보장되는 가장 포괄적인 시스템에 관하여 동등한 권리를 가져야 한다. 2) 사회적 그리고 경제적 불평등은 (a) 그것이 모든 이들의 이익을 위한 것이라고 합리적으로 기대할 수 있도록, (b) 모든 이들에게 개방된 지위 및 공직과 결부될 수 있게 형성되어야 한다.[697] '실정법'과 '정의'의 관계는 저항권을 둘러싼 논쟁을 통해 다시 담론화되기 시작했다.[698]

3. 법과 정의 요청 사이에서의 법 적용

정의의 기준 획득과 관련된 최근의 낙관론은 법 실무와 관련해서 무엇보다도 방법론 논쟁이라는 수단을 통해 효과를 발휘했다. 실정법과 초실증적 정의의 관계와 관련된 방법론 논쟁의 의미 있는 대략적인 전개의 흐름은 그 주요 특징들로 요약될 수 있다.

세기 전환기[699] 이래로 독일에서는 주로 개념 분석을 통해 법적인 결정을 구하려는 소위 개념법학Begriffsjurisprudenz[700]에 반대하는 이익 법학Interessenjurisprudenz이 관철되고 있다. 이는 예링의 법 이론 요소들을 법 적용 이론으로 변형시켜 입법자가 이익을 법적으로 평가한 것을 이 이론을 통해 찾아내게 함으로써, 법관이 개별 결정을 내릴 때에 입법자가 내린 이익 평가를 "염두에 두고 복종하여"[701] 이를 구체화하는 것이 가능해진다. 이런 점에서 이익 법학은 지금까지는 스스로를 실증적이라고 이해하지만 역사적으로 발전하면서 법관이 법에 대해 자유로운 태도를 가질 수 있게 하는데, 이는 그 강조점은 다르지만 소위 가치평가 법학Wertungsjurisprudenz[702]과 결과 토론Folgendiskussion 방식[703]으로 개념적으로 정리되었다. 현재의 풍부한 방법들은 법적 결정을 상대화하는 법관의 정의에 대한 사고에 상당한 여지를 제공한다. 이러한 상대화는 개방적인 헌법 원칙을 이용하여 수행되었다가 그 후에 "타당성 원칙에 따라서"[704] 위태롭지만 균형을 이루면서 수행될 수도 있고, 시간적 관점이 확대되어("결과 토론Folgendiskussion") 법적인 결정이 무뎌지면 수행될 수도 있다. 이 모든 것들에도 불구하고 일반 원칙이 갖고 있는 정의의 가치를 불신하고 개별 사례에 대해서만 정의라는 수식어를 붙일 수 있다고 생각하는 개별 사례 정의Einzelfallgerechtigkeit 추세가 가장 지배적이다.

법관의 결정에 있어서 이러한 개별 사례 정의의 경향은 "자유법학파Freirechtsschule"[705]가 남긴 유산이다. 이 학파는 '의지주의적voluntaristisch'[706]으로 이해되고 역사적으로 변하는 '자연법'을 위하여 제정법의 중요성을 억제하려고 할 뿐만 아니라, 더 나아가 "풍부한 자유로운 법"[707]을 통해 "모든 경우에 대해 적절한 규정을 제공할 것"을 요구한다. '법'을 이렇게 이해한다면 법관의 인격적 자유를 통해 정의에 도달하게 된다는 것이다. 이렇듯 '자유로운 자연법'의 주도 하에 구체적인 사례들이 대부분 결정되는 것으로 법을 이해하는 가운데 '법'과 '정의'가 다시 한자리에서 만난다.[708] 준準 공식 이론조차도 되지 못한 이러한 견해의 문제는 가치 갈등이 만연한 사회에 명백히 드러나 있지만, 이 견해는 차세대 법관의 심급 법원에 대한 인식에 상당한 인상을 남겼다. 이러한 무질서한 경향의 법적 견해에 완충 작용을 하는 것은 최상급 법원 결정이 주도적인 효력을 갖기 때문이다. 특히 입법자가 다양한 이유에서 정치적으로 무력하기 때문에 자제해야 하는 모든 법 분야에서 최상급 법원에게 특별한 역할이 주어진다. 그래서 독일에서는 (사회 정책적으로 매우 중요한) 개별적/집단적 노동법이 상당 부분 법적 규정이 없이 "법관법Richterrecht"으로 발전해왔는데, 이는 한편으로 (개별적 노동법에 있어서는) 경제적·사회적 취약층인 노동자를 보호한다는 정의의 이상을 추구하고, 다른 한편으로는 (집단적 노동법에 있어서는) 분석하기도 힘들고 정치적 평가도 크게 엇갈리는 가운데 고용주와 노동조합 간의 권력 관계를 반영하고 중재하려고 시도한다.

전반적으로 실정법과 정의의 이상에 대한 법관의 입장은 기본적으로 세기 전환기 이래 오늘날까지도 엇갈린 시각으로 관찰되고 있다. 그 한쪽 끝에는 (입법자를 개입시키지 않고도) 사회 변화에 영향을 미치는 "정치적 법관"[709]을 요구하는 쪽이 자리하고 있는데, 이들은 정치적으로는 중립적이면서 합리적 토론을 통해 합의를 확보할 수 있는 이성적이고 윤리적인 원칙에 따라 결정을 내리는 법관을 호소하며,[710] 이때 실정법은 여러 관점들 중에서 하나의 관점일 뿐이다.[711] 이에 반해 니클라스 루만Niklas Luhmann은 이러한 이성 낙관론에 대해 회의적인 입장에 서서 바로 법의 실증성이야말로 한시적인 기준이라고 강조한다. 그는 초실증적인 정의의 이상을 다시 내세우는 일이 이론적으로나 사회적으로 실패했다고 보았다.[712] 법의 실증성은 사회의 진화 과정에서 얻은 성과의 하나로, 초실증적 그리고 실증적 법원法源들의 위계적 규범들은 이를 위한 전단계에 불과하다.[713]

현대 사회의 복잡성을 고려할 때[714] 법이 결정을 내릴 수도 있고 언제라도 변경될 수도 있다는 것을 경험하며,[715] 내용적인 정당성은 원칙적으로 배척하고 절차를 통해서만 정당성이 보장된다고 보는 것이 적절한 견해일 것이다.[716]

프리츠 로스, 한스-루드비히 슈라이버

프리츠 로스 Fritz Loos(1931~)
1970년 본Bonn대학 법학과에서 〈막스 베버의 가치이론과 법 이론에 관하여〉라는 주제로 교수 자격 학위논문을 작성했고, 독일 괴팅겐Göttingen대학에서 형법, 형사소송법 및 법철학을 강의했다. 이후 주로 형법 도그마틱 분야에서 다수의 저작을 남겼다.

한스-루드비히 슈라이버 Hans-Ludwig Schreiber (1929~)
본Bonn대학에서 박사학위 논문과 교수자격 논문을 작성했고, 이후에 주로 형법학에서 책임론 분야 그리고 생명윤리 및 존엄사를 주제로 활발하게 연구 활동을 이어왔다. 독일 괴팅겐Göttingen대학에서 형법, 형사소송법 및 법철학을 강의했다.

옮긴이의 글

●●●●　　　이 책은 오토 브루너, 베르너 콘체, 라인하르트 코젤렉이 편집한 《코젤렉의 개념사 사전》의 한 항목인 '법, 정의 Recht, Gerechtigkeit'를 옮긴 것이다. 이 항목은 독일 괴팅겐대학의 형법학자이자 법철학인 프리츠 로스Fritz Loos 교수와 같은 대학의 형법학자인 한스-루드비히 슈라이버Hans-Ludwig Schreiber 교수가 공동으로 집필하였다.

　법과 정의를 주제로 다루는 이 책은 그 자체로 법철학의 역사 내지 독일법의 역사를 통시적으로 서술하고 있다고 해도 과언이 아니다. 사상과 철학뿐만 아니라 법과 정의 역시 그 뿌리는 고대 그리스로 거슬러 올라간다. 즉 정의는 법의 내용적 진실을 뜻했다. 고대 그리스에서 상호 일치적인 관계에서 비롯한 법과 정의는 이후에 그것의 준거가 변화하면서 신정법神定法, 자연법, 이성법, 실정법 등으로 표현되듯이 법과 정의 간에 어느새 길항적인 관계가 형성된다. 특히 중세 이후에 국가가 나름 공고한 실체로 형성되고, 특히 절대주의국가를 거치면서 법과 정의 간의 불일치 문제가 더욱 불거졌다. 정의 이외에도 질서 그리고 법적 안정성이 법의 정당성 근거로 함께 자리하게 된 것이다. 게다가 법은 구체적인 반면에 정의는 추상적이고 주관적인 것도 또 다른 이유였다. 예컨대 정의를 두고서 한쪽에서는 '강자의 전리품'이라고 비판하는가 하면, 다른 한쪽에서는 '약자의 항변'으로 폄하하기도 한다. 이와 더불어서 법의 개념을 새로이 근거 짓거나 또는 마르크스주의 법 이론처럼 법의 근거를 아예 부정하는 등의 다양한 시도가 함께 행해졌다.

소크라테스의 죽음에서부터 의문시되어온 오래된 주제, 즉 "악법도 법인가" 하는 물음은 고대 그리스에서 지금까지 줄곧 법과 정의의 관계를 둘러싸고 있는 근본적인 난제로 남아있다. 근대 이후로 실정법을 강조하는 법 실증주의가 득세해오면서, 독일적인 맥락에서 그것의 완결은 '법치국가Rechtsstaat'로 표현된다. 그러나 나치의 '불법국가Unrechtsstaat'를 거치면서 법의 정당성 근거 그리고 법과 정의 간의 관계가 파국으로 치닫는다. 이에 대한 대답이 이 책의 말미에 언급되는 유명한 '라드부르흐 공식'이다. 즉 "실정법과 정의 사이의 모순의 정도가 너무 지나쳐서 해당 법이 '부당한 법'으로서 정의에서 벗어나는 경우에는 더 이상 법이 아니다"는 것이다. 다시금 처음의 관계로 되돌아가서 정의에 기대어서 법의 정당성과 근거를 회복하려는 시도로 보이지만, 여전히 정의는 불확실하고 불투명하다. 그럼에도 불구하고 이후로 자연법적인 정의가 실정법 질서의 곁에 자리하면서 때로 그것의 일탈을 비판하는 논거로 주장되는 그 나름의 의미를 갖는다.

　사회적 정의의 구현과 관련해서 또 다른 실험을 행해왔던 동유럽의 사회주의가 몰락하고서, 이후에 이른바 '신자유주의'가 전 세계를 압도하는 가운데 경제적·사회적 불평등이 더욱 심화되고 확산되었다. 이는 또한 부정의不正義의 문제를 뜻한다. IMF 사태를 겪고서 신자유주의의 물결에 휩쓸린 우리도 예외가 아니다. 최근에 한국 사회에서 존 롤스와 마이클 샐던의 《정의론》이 많이 회자되고 큰 반향을 불러일으킨 것도 그 때문이라고 짐작된다. 따라서 법과 정의 간의 오랜 관계를 추적해서 통시적으로 서술하는 이 책이 현재의 시점에서도 여전히 그 가치를 지니고 있다고 본다.

　끝으로 책의 본문에서 독일어, 영어, 라틴어, 프랑스어, 그리스어가 혼재되어 사용되었는데, 라틴어 문장의 번역 과정에서 《라틴어 수업》의 저자 한동일 신부님에게서, 그리고 독일어 법률 용어와 관련해서는 연세대 법학전문대학원 이종수 교수님에게서 큰 도움을 받았고, 그 외에 다른 언어에서 도움을 받았음을 밝히면서 감사의 마음을 전한다.

2020년 12월

엄현아

주석과 참고문헌에 사용된 독어 약어 설명

abgedr. (abgedruckt) = 인쇄된, 활자화된

Anm. (Anmerkung) = 주註

Art. (Artikel) = (사전 따위의) 항목, (법률의) 조條

Aufl. (Auflage) = (책의) 판(초판, 재판 등의)

Ausg. (Ausgabe) = (책의) 판(함부르크판, 프랑크푸르트판 등의)

Bd. (Band) = (책의) 권

Bde. (Bäde) = (책의) 권들

ders. (derselbe) = 같은 사람[저자](남자)

dies. (dieselbe) = 같은 사람[저자](여자)

Diss. (Dissertation) = 박사학위 논문

ebd. (ebenda) = 같은 곳, 같은 책

f. (folgende) = (표시된 쪽수의) 바로 다음 쪽

ff. (folgenden) = (표시된 쪽수의) 바로 다음 쪽들

hg. v. ……(herausgegeben von……) = ……에 의해 편찬된(간행자, 편자 표시)

Mschr. (Maschinenschrift) = (정식 출판본이 아닌) 타자본

Ndr. (Neudruck) = 신판新版, 재인쇄

o. (oben) = 위에서, 위의

o. J. (ohne Jahresangabe) = 연도 표시 없음

s. (siehe!) = 보라!, 참조!

s. v. (sub voce) = ……라는 표제하에

u. (unten) = 아래에서, 아래의

v. (von) = ……의, ……에 의하여

vgl. (vergleiche!) = 비교하라!, 참조!

z. B. (zum Beispiel) = 예컨대, 예를 들자면

zit. (zitiert) = (……에 따라) 재인용되었음

주석

1 Herbert Lionel Adolphus Hart, *Der Begriff des Rechts* (Frankfurt 1973), 20ff. 115ff. 142ff., bes. 154f. 157ff. ; engl. 1961 "The Concept of Law"라는 제목으로.

2 Max Weber, *Wirtschaft und Gesellschaft. Grundriß der verstehenden Soziologie* (1911/13; 1921), 5. Aufl., hg. v. Johannes Winckelmann (Tübingen 1972), 181 ff.; Theodor Geiger, *Vorstudien zu einer Soziologie des Rechts* (1947), 2. Aufl., hg. v. Paul Trappe (Neuwied, Berlin 1964), 126ff. 168.

3 Aristoteles, *Pol.* 1282b, 14ff.

4 Ebd.

5 Fritz Loos/Hans–Ludwig Schreiber/Hans Welzel, *Art. Gerechtigkeit, Hist. Wb. d. Philos.*, Bd. 3 (1974), 329ff.

6 H. Welzel, *Naturrecht und materiale Gerechtigkeit* (1951), 4. Aufl. (Göttingen 1962), 12 ff.

7 이러한 유형론에 대해서는 vgl. L. Legaz y Lacambra, *Rechtsphilosophie* (Neuwied, Berlin 1965), 330ff. ; vgl. auch Hans Kelsen, *Reine Rechtslehre* (1934), 2. Aufl. (Wien 1960), 402 ff. 435 ff.

8 Vgl. 추가적으로 Karl Larenz, *Methodenlehre der Rechtswissenschaft* (1960), 5. Aufl. (Berlin, Heidelberg, New York 1983), 165ff.; Wolfgang Fikentscher, *Methoden des Rechts in vergleichender Darstellung*, Bd. 4: Dogmatischer Teil (Tübingen 1977), 395ff.

9 Vgl. Josef Esser, *Grundsatz und Norm in der richterlichen Fortbildung des Privatrechts* (1956), 2. Aufl. (Tübingen 1964), 87ff. ; Franz Wieacker, "Zur praktischen Leistung der Rechtsdogmatik", in: *Hermeneutik und Dialektik. Aufsätze II*: "Sprache

und Logik, Theorie der Auslegung und Probleme der Einzelwissenschaften", *Fschr.*
Hans-Georg Gadamer, hg. v. Rüdiger Bubner, Konrad Cramer, Reiner Wiehl
(Tübingen 1970), 311 ff.

[10] Homer, Odyssee 10, 110; 1, 397 f.

[11] Ders., Ilias 23, 516f. ; 10, 559. — 법 제도에 대한 자세한 설명은 Vgl. Rudolf
Köstler, Die homerische Rechts— und Staatsordnung (1944), in: ders., *Homerisches*
Recht. Ges. Aufs. (Wien 1950), 7ff, bes. 16.

[12] Ernst—Wolfgang Böckenförde, *Der Rechtsbegriff in seiner geschichtlichen Entwicklung,*
Arch. f. Begriffsgesch. 12 (1968), 148; Ulrich v. Wilamowitz—Moellendorff, *Der*
Glaube der Hellenen (1931), 2. Aufl., Bd. 1 (Berlin 1955), 201 ff.

[13] Homer Odyssee 19, 43; 3,133; 13, 209; ders., Ilias 9, 98f.; 2, 206; vgl. Erik
Wolf, *Griechisches Rechtsdenken*, Bd. 1: Vorsokratische und frühe Dichter (Frankfurt
1950), 34 ff.: Köstler, *Homerisches Recht*, 13ff.

[14] Homer, Odyssee 17, 485ff.; Köstler, *Homerisches Recht*, 13; Kurt Latte, *Über eine*
Eigentümlichkeit der italischen Gottesvorstellung (1926/27), "Kl. Schr. z. Religion,
Recht, Lit. u. Sprache d. Griechen u. Römer", hg. v. Olof Gigon, Wolfgang
Buchwald, Wolfgang Kunkel (München 1968), 80f.

[15] Köstler, *Homerisches Recht*, 13; zum Begriff δίκη(정의, 법, 판결):. Wolf, Griech.
Rechtsdenken, Bd. 1, 85 ff.

[16] 자세한 내용은 Tuttu Tarkiainen, *Die athenische Demokratie* (1959; Zürich, Stuttgart
1966), 59ff.

[17] Vgl. Werner Jaeger, *Paideia. Die Formung des griechischen Menschen* (1933), 2.
Aufl., Bd. 1 (Berlin, Leipzig 1935; Ndr. Berlin, New York 1973), 144ff. ; Latte,
Gottesvorstellung, 90f. ; → *Gleichheit*, Bd. 2, 1000.

[18] Tarkiainen, Demokratie, 75.

[19] Anaximander, Fragm. B 1, in: *Die Fragmente der Vorsokratiker* (1903), hg. v.

Hermann Diels u. Walther Kranz, 12. Aufl., Bd. 1 (Dublin, Zürich 1966), 89; vgl. Böckenförde, Rechtsbegriff, 148f.

[20] Welzel, *Naturrecht*, 4. Aufl. (s. Anm. 6), 9.

[21] Heraklit, Fragm. B 1, 2, 30, in: Diels/Kranz, *Vorsokratiker*, 12. Aufl., Bd. 1, 150f. 157 f.

[22] Ders., Fragm. B 114, ebd., 176.

[23] Welzel, *Naturrecht*, 4. Aufl., 10; →*Naturrecht*, Bd. 4, 246.

[24] 이러한 역사적 배경에 대해서는 vgl. Welzel, *Naturrecht*, 4. Aufl., 12; 문화사적 현상으로서의 소피스트에 대해서는 Jaeger, *Paideia* (s. Anm. 17), Bd. 1, 364ff.

[25] Protagoras, Fragm. B 1, in: Diels/Kranz, *Vorsokratiker*, 12. Aufl., Bd. 2 (1903; 1966), 262f.; Platon, *Theaitetos* 151e~152a; ders., Nom. 889e. u. Aristoteles, *Nik. Ethik* 1094b, 14; 1134b, 25 이들은 소피스트들이 초개인적 진실의 존재에 반대하는 주요 논거로 법의 변천성과 상이성을 들고 있다.

[26] Platon, *Theaitetos* 172a. — Welzel은 *Naturrecht*, 4. Aufl., 13에서 다수의 의견에 초점을 맞추는 선과 정의의 기준으로서 "집합적 주관주의kollektiver Subjektivismus"에 대해 말하고 있다. Vgl. auch Walther Eckstein, *Das antike Naturrecht in sozialphilosophischer Beleuchtung* (Wien, Leipzig 1926), 24.

[27] 이 견해 뒤에 숨어있는 인류학적 기본 입장에 대해서는 Vgl. Welzel, *Naturrecht*, 4. Aufl., 14.

[28] Platon, *Prot.* 320 c~d. —이 부분의 신빙성에 대해서는 vgl. Eckstein, *Naturrecht*, 22, Anm. 15.

[29] Logos를 체현體現한 것으로서: Wolf, *Griech. Rechtsdenken* (s. Anm. 13), Bd. 2: Rechtsphilosophie und Rechtsdichtung im Zeitalter der Sophistik (1952), 35f.

[30] Zutreffend → *Naturrecht*, Bd. 4, 250: "naturrechtliche Fundierung positiver Rechtsordnungen"; vgl. Welzel, *Naturrecht*, 4. Aufl. (s. Anm. 6), 15에서는 초기 소피스트들이 "자연으로부터 실증적인 국법을 유추해내려고" 시도했다고 보고

있다.

31 Anonymus Iamblichi, Fragm. 3, 6, in: Diels/Kranz, *Vorsokratiker*, 12. Aufl., Bd. 2, 401.

32 Ders., Fragm. 3, 4, ebd.

33 Antiphon, Fragm. B 44, A 1, ebd., 346 f. —Zu Antiphon → *Naturrecht*, Bd. 4, 247; 이 부분의 유래에 대해서는 Wolf, *Griech. Rechtsdenken*, Bd. 2, 91 ff.

34 Nach Xenophon, *Mem.* 4, 4, 12ff.; vgl. Platon, *Pol.* 359a~e.

35 Nach Platon, *Prot.* 337 d.

36 궤변철학에서 실정법과 자연법의 구별에 대해서는 vgl. Felix Heinimann, *Nomos und Physis. Herkunft und Bedeutung einer Antithese im griechischen Denken des 5. Jahrhunderts* (Basel 1945); Wolf, *Griech. Rechtsdenken*, Bd. 2, 78 ff.에서 피시스 개념에 대한 해석은 좀 문제가 있다.

37 Antiphon, Fragm. B 44, A 1, in: Diels/Kranz, *Vorsokratiker*, 12. Aufl., Bd. 2, 346.

38 Ebd. B 44, B 2, ebd., 353.

39 Alkidamas, *Scholion zu Aristoteles*, Rhet. 1373b, 18; vgl. Wolf, *Griech. Rechtsdenken*, Bd. 2, 139.

40 Lykophron, Fragm. 4, in: Diels/Kranz, *Vorsokratiker*, 12. Aufl., Bd. 2, 307f.

41 Welzel, *Naturrecht*, 4. Aufl. (s. Anm. 6), 17f. — 사항적으로 유사하게는 → *Naturrecht*, Bd. 4, 248: 안티폰Antiphon과 히피아스Hippias의 "평화 중심의 irenisch orientierten…… 자연주의Naturalismus"와 대립되는 "공격적인 개인주의 aggressiver Individualismus".

42 Vgl. 추가적으로 Platon, *Gorg.* 482a~484e; ders., Pol. 338a~339e; 358a~e; → *Naturrecht*, Bd. 4, 248에서는 이 위치에 표현된 학설을 Anonymus Platonis라는 이름으로 정리해두었다.

43 Platon, *Gorg.* 482a~484e; vgl. 추가적으로 Max Salomon, *Der Begriff der*

Gerechtigkeit bei Aristoteles (Leiden 1937), 152ff.; Welzel, *Naturrecht*, 4. Aufl., 17.

44 Platon, *Gorg.* 483b~484a; 칼리클레스 테제의 의의와 아테네에서 과두정 쿠데타에 미친 정치적 영향에 대해서는 vgl. Alfred Verdross, *Abendländische Rechtsphilosophie. Ihre Grundlagen und Hauptprobleme in geschichtlicher Schau* (Wien 1958), 21 ff.; Tarkiainen, *Athenische Demokratie* (s. Anm. 16), 188ff.

45 Xenophon, *Mem.* 4, 4, 12.

46 Vgl. Anonymus Iamblichi, Fragm. 3, 4ff., in: Diels/Kranz, *Vorsokratiker*, 12. Aufl., Bd. 2, 401; Antiphon, Fragm. B 44, A 2, ebd., 347.

47 Xenophon, Mem. 4, 4, 13; vgl. ebd. 4, 4, 1ff.

48 Vgl. Anm. 25.

49 Platon, *Krit.* 50b: "재판관이 내린 판결이 효력을 상실하고, 무자격자가 이를 무효로 만들거나 파괴할 수 있는 데에도 국가가 유지되고 멸망을 피할 수 있다고 아직 믿고 있는가?"

50 Ebd. 54b~c.

51 Vgl. ebd. 51a~d.

52 Welzel, *Naturrecht*, 4. Aufl. (s. Anm. 6), 21.

53 Platon, *Pol.* 433 a; vgl. ebd. 370 c.

54 Ders., *Parm.* 132b~134a; ders., *Theaitetos* 186d; ders., *Pol.* 477a~e. —Vgl. 추가적으로 Karl Raimund Popper, *Die offene Gesellschaft und ihre Feinde* (1945), 4. Aufl., Bd. 1 (Bern, Stuttgart 1975), 213; Welzel, *Naturrecht*, 4. Aufl., 22; 개별 대화의 차별성에 대해서는 Wilhelm Capelle, *Die griechische Philosophie*, Bd. 1: Von Thales bis zum Tode Platons (1922/28), 3. Aufl. (Berlin 1971), 284, Anm. 8; Günther Patzig, *Platons Ideenlehre, kritisch betrachtet, Antike u. Abendland 16* (1970), 113ff.

55 Vgl. 추가적으로 Popper, *Gesellschaft*, Bd. 1, 59ff.; Welzel, *Naturrecht*, 4. Aufl., 22f.

56 Platon, *Pol.* 359a. ─이 문장과 그 다음 내용들은 정의의 탄생에 대한 Glaukon 의 설명과 관련이 있다., ebd. 358a~e. ─플라톤의 계약론Vertragstheorie의 근거 에 대해서는 vgl. Reinhart Maurer, *Platons "Staat" und die Demokratie* (Berlin 1970), 71, Anm. 9.

57 Platon, *Pol.* 363a.

58 Ebd. 359b.

59 Ebd. 405a~c; vgl. 민주주의의 평가에 대해서 ebd. 557b~e.

60 Ebd. 473b~e; 534d~e.

61 플라톤은 여기서 "경제 활동을 하는 계급, 전쟁을 하는 계급, 그리고 통치하는 계급"으로 구별한다., ebd. 369d~e; 373e; 376a~b.

62 Ebd. 370c; vgl. 정의正義의 정의定義에 대해서는 ebd. 433b.

63 플라톤은 국가의 질서와 인간들의 개성을 항상 등치시켰다, vgl. ebd. 591a; 605b. ─Paul Friedländer, *Platon*, Bd. 1: Seinswahrheit und Lebenswirklichkeit (1928), 3. Aufl. (Berlin 1964), 200: "플라톤의 폴리테이아의 전체 구조는 정신과 국가의 상동 관계에 근거하고 있다."

64 Vgl. 추가적으로 Welzel, *Naturrecht*, 4. Aufl. (s. Anm. 6), 26f.

65 Platon, *Pol.* 425a~e; vgl. ebd. 479e; ders., Politikos 294a~c: 왜냐하면 통치자 는 옳은 것에 대한 자신의 직접적인 지식을 이용해서 개별 사례를 가장 잘 개별 적으로 해결할 수 있을 것이기 때문이다.

66 Ders., Nom. 715 d; vgl. ebd. 885 c; 720a.─ 전체 내용은 Emmanuel Michelakis, *Platons Lehre von der Anwendung des Gesetzes und der Begriff der Billigkeit bei Aristoteles* (München 1959), 6ff.; Simon Moser, *Platons Begriff des Gesetzes, österr. Zs. f. öffentliches Recht*, NF 4 (1952), 137ff.

→ Gesetz, Bd. 2, 864.

67 플라톤에 대한 비판 참조: Aristoteles, *Nik. Ethik* 1138a.

68 Ebd. 1129b.

[69] Ebd.

[70] Ders., *Pol.* 1253a.

[71] Ders., *Nik. Ethik* 1131a.

[72] Vgl. Platon, *Gorg.* 508 a에는 γεωμέτρικη ἰσότης (기하학적 평등) 개념을 아리스토텔레스와는 달리 시스템 속에 넣지 않았다.

[73] Aristoteles, *Nik. Ethik* 1131a~b; vgl. ebd. 1132b; 자세한 내용은 추가적으로 Salomon, *Gerechtigkeit* (s. Anm. 43), 26ff.; Otto Küster, Über die beiden Erscheinungsformen der Gerechtigkeit, nach Aristoteles, in: *Punktions-Wandel der Privatrechtsinstitutionen, Fschr. Ludwig Raiser*, hg. v. Fritz Baur, Josef Esser, Ernst Steindorff (Tübingen 1974), 541 ff.

[74] Aristoteles, *Nik. Ethik* 1132b; vgl. Helmut Coing, *Grundzüge der Rechtsphilosophie* (1950), 3. Aufl. (Berlin, New York 1976), 15f.

[75] Aristoteles, *Nik. Ethik* 1131b.

[76] Ders., *Pol.* 1282b.

[77] Ders., *Nik. Ethik* 1131a, 24ff.

[78] Ders., *Pol.* 1283 a, 19; 1283 b, 35ff.

[79] Ebd. 1252 b.

[80] Vgl. 추가적으로 Welzel, *Naturrecht*, 4. Aufl. (s. Anm. 6), 30; Verdross, *Rechtsphilosophie* (s. Anm. 44), 40f.

[81] *Naturrecht*, Bd. 4, 253.

[82] Aristoteles, *Pol.* 1252a, 26ff. ; 1253a, 28.

[83] Ebd. 1253a, 2.

[84] Ebd. 1280b, 30ff. —Vgl. 추가적으로 ebd. 1252b; 1278b.

[85] Ebd. 1281a, 36; 추가적으로 Welzel, *Naturrecht*, 4. Aufl., 32에서는 '법'과 '정의'의 구별이 너무 엄격하다.

[86] Aristoteles, *Nik. Ethik* 1129b.

[87] Ebd. 1134b, 18ff.

[88] Ebd. 1134b, 24ff.; 1135a.

[89] Ebd. 1134b, 35ff.; 1135a.

[90] Joachim Ritter, 'Naturrecht' bei Aristoteles. Zum Problem einer Erneuerung des Naturrechts (Stuttgart 1961), 25ff., bes. 27: 아리스토텔레스는 폴리스에 속하는 법 영역에서 "당연히 옳은" 것을 발견한다.

[91] Ders., Zur Grundlegung der praktischen Philosophie bei Aristoteles, Arch. f. Rechts-u. Sozialphilos. 46 (1960), 179. 187ff.; Böckenförde, Rechtsbegriff (s. Anm. 12), 149.

[92] Aristoteles, Pol. 1281a; vgl. 추가적으로 Welzel, Naturrecht, 4. Aufl., 32.

[93] Aristoteles, Pol. 1254a, 36 ff. : "자연적인 것은 부패한 것에서가 아니라 자연적 인 상태 속에서 읽어내야만 한다."

[94] Welzel, Naturrecht, 4. Aufl., 30f.

[95] Ebd., 37f.; Naturrecht, Bd. 4, 256. ㅡ스토아의 윤리학과 법률학에 대해서는 vgl. Max Pohlenz, Die Stoa. Geschichte einer geistigen Bewegung, Bd. 1 (1948), 3. Aufl. (Göttingen 1964), 135; Hans v. Arnim, Die europäische Philosophie und die islamische und jüdische Philosophie des Mittelalters, in: Die Kultur der Gegenwart, Tl. I, Abt. V: Allgemeine Geschichte der Gegenwart (1909), 2. Aufl. (Leipzig, Berlin 1913), 237ff.; Eduard Zeller, Die Philosophie der Griechen in ihrer geschichtlichen Entwicklung, 3. Tl, 1. Abt. (1856; Ausg. Darmstadt, Hildesheim 1963); Friedrich Überweg, Grundriß der Geschichte der Philosophie, 13. Aufl., Bd. 1 (Basel, Graz, Darmstadt 1953), 454ff.; Albin Lesky, Zum Gesetzesbegriff der Stoa, Österr. Zs. f. öffentliches Recht, NF 2 (1950), 587ff.; Theo Mayer-Maly, Gemeinwohl und Naturrecht bei Cicero, in: Völkerrecht und rechtliches Weltbild, Fschr. Alfred Verdross, hg. v. Friedrich August v. d. Heydte u. a. (Wien 1960), 195 ff.

[96] Chrysipp, *De lege aeterna et de legibus civitatum*, Fragm. 314, abgedr. Stoicorum veterum fragmenta, hg. v. H. v. Arnim, Bd. 3 (Leipzig 1903; Ndr. Stuttgart 1968), 77.

[97] Ders., Ius esse natura, Fragm. 308, ebd., 76.

[98] Ders., Fati definitiones, Fragm. 913, ebd., Bd. 2 (1903; Ndr. 1968), 264.

[99] Ebd., Fragm. 918, ebd., 265f.

[100] Vgl. Welzel, *Naturrecht*, 4. Aufl., 39.

[101] Chrysipp, Fragm. 913, *Stoicorum veterum fragmenta*, Bd. 2, 264; vgl. 추가적으로 H.-L. Schreiber, *Der Begriff der Rechtspflicht. Quellenstudien zu seiner Geschichte* (Berlin 1966), 3; Pohlenz, Stoa, Bd. 1, 132ff.

[102] Cicero, *De re publica* 3, 22f.; vgl. Chrysipp, *De lege aeterna*, Fragm. 325, Stoicorum veterum fragmenta, Bd. 3, 79 f.

[103] → *Naturrecht*, Bd. 4, 257 ; Schreiber, *Rechtspflicht*, 4f.

[104] Vgl. 로마법에서 법의 유형에 대해서는 Fritz Schulz, *Prinzipien des römischen Rechts*, 2. Aufl. (Berlin 1954), 4ff.; Theodor Mommsen, *Römisches Staatsrecht*, Bd. 3/1 (Berlin 1887), 308f.

[105] Chrysipp, *Quale sit bonum*, Fragm. 80, Stoicorum veterum fragmenta, Bd. 3, 20; vgl. Cicero, *De legibus* 2, 11ff.

[106] Cicero, *De legibus* 1, 16, 43.

[107] Chrysipp, *De lege aeterna*, Fragm. 323, Stoicorum veterum fragmenta, Bd. 3, 79f.

[108] → *Naturrecht*, Bd. 4, 288.

[109] 이러한 고찰은 이 시기(140~82)에 출중한 법학자였던 Mucius Scaevola Pontifex 등에서 발견된다. 자세한 내용은 Okko Behrends, *Die Wissenschaftslehre im Zivilrecht des Q. Mucius Scaevola Pontifex*, Nachrichten d. Akad. d. Wiss. Gottingen, Phil.-hist. Kl. (1976), H. 7, 265ff. 296ff.

[110] 용어와 시기 구분에 대해서는 vgl. F. Wieacker, *Über das Klassische in der Römischen Jurisprudenz* (Tübingen 1950), 18; vgl. ebd., 3ff. 21 ff.

[111] Ebd., 18.

[112] Cicero, *De re publica* 3, 22f.

[113] Behrends, Wissenschaftslehre, 299ff.; vgl. 선의bona fides가 로마법에 실제로 미친 구체적인 영향에 대해서는 ders., *Institutionelles und prinzipielles Denken im römischen Privatrecht*, Zs. f. Rechtsgesch., Romanist. Abt. 95 (1978), 216ff.; ders., Römische Privatrechtsordnung und Grundrechtstheorie, in: *Sozialwissenschaften im Studium des Rechts*, Bd. 4: Rechtsgeschichte, hg. v. Gebhard Dilcher u. Norbert Horn (München 1978), 13 ff.

[114] Behrends, Wissenschaftslehre, 300; ders., *Institutionelles und prinzipielles Denken*, 230f.

[115] Ebd., 216ff.; ders., *Die fraus legis. Zum Gegensatz von Wortlaut und Sinngeltung in der römischen Gesetzesinterpretation* (Göttingen 1982), 3ff.

[116] 이런 점에서 특히 회의적 아카데미skeptische Akademie의 영향이 분명해진다.; vgl. ders., *Wissenschaftslehre*, 223f. ―로마의 법학을 원칙적으로 다르게 이해하고 있는 것으로는 Max Kaser, *Zur Methode der römischen Rechtsfindung*, Nachrichten d. Akad. d. Wiss. Göttingen, Phil. ―hist. Kl. (1962), H. 2; ders., *Römisches Privatrecht. Ein Studienbuch* (1960), 12. Aufl. (München 1981), 11 ff., bes. 20f. ― Kaser는 로마의 법이 "'Topoi', 즉 법학적 주장의 수단으로 사용되는 핵심 사고가 중요한 역할을 하는 축소된 사례법"이라고 보았다., ebd., 21. 로마의 법 발견은 직관적으로 정확한 판결이라는 특징을 지닌다는 것이다.; ebenso Behrends, *Eraus legis*, 4, Anm. 9. 이 직관적인 법 발견 방식의 플라톤적 배경에 대해서는 vgl. Fikentscher, *Methoden des Rechts* (s. Anm. 8), Bd. 1: Frühe und religiöse Rechte. Romanischer Rechtskreis (1975), 355f.

[117] Schulz, *Prinzipien* (s. Anm. 104), 46ff.; Wieacker, *Über das Klassische*, 41.

118 스토아의 자연 개념과 스토아적 목표 형식을 둘러싼 논쟁에 대해서는 vgl.
Welzel, *Naturrecht*, 4. Aufl. (s. Anm. 6), 41ff.; Pohlenz, Stoa (s. Anm. 95), Bd. 1,
178ff.

119 Chrysipp, nach Cicero, De finibus 3,19, 6; 전체 내용은 Welzel, *Naturrecht*, 4.
Aufl., 41.

120 Chrysipp는 이미 *De nobilitate et libertate*, Fragm. 352, Stoicorum veterum
fragmenta, Bd. 3, 86에서 인간이 자연으로부터 노예일 수 있다는 견해를 강력하
게 거부한다.

121 Zenon, *De officiis*, Fragm. 580, Stoicorum veterum fragmenta, Bd. 1 (1903;
Ndr. 1968), 131; Kleanthes가 이 형식을 분명히 밝힌 것에 대해서는 vgl.
Welzel, *Naturrecht*, 4. Aufl. (s. Anm. 6), 42. ─Vernunft als das den Menschen
vorbehaltene Gut: Seneca, Ep. 76, 9ff.

122 Zenon, *De bonis et malis*, Fragm. 190, Stoicorum veterum fragmenta, Bd. 1, 47.

123 Cicero, *De officiis* 1, 43; vgl. 추가적으로 Schreiber, *Rechtspflicht* (s. Anm. 101), 4.

124 전제 정치, 알렉산더 대왕 사후 왕권을 놓고 서로 싸웠던 장군들 그리고 로마
황제들이 시민의 자유를 위협했던 시대에 스토아의 이러한 도덕론의 역사적 배
경에 대해서는 vgl. Welzel, *Naturrecht*, 4. Aufl., 43.

125 Cicero, *De finibus* 3, 15, 50.

126 Zenon, *De mediis officiis*, Fragm. 230, Stoicorum veterum fragmenta, Bd. 1, 55.

127 Ebd. ─ Cicero, *De officiis* 1, 3에서는 이를 '중간의' 또는 '공동의' 의무라고
불렀다. ; vgl. Pohlenz, *Stoa* (s. Anm. 95), Bd. 1, 129; ebd., Bd. 2 (1959), 73;
Schreiber, *Rechtspflicht* (s. Anm. 101), 5f.

128 Welzel, *Naturrecht*, 4. Aufl., 45; vgl. Anm. 94.

129 Vgl. *Röm*. 9, 11f. ; 9, 15.

130 Ebd. 10, 3.

131 Vgl. ebd. 3, 24ff.; Phil. 3, 9; 2. Kor. 5, 21.

[132] Felix Flückiger, *Geschichte des Naturrechts*, Bd. 1 : Altertum und Frühmittelalter (Zollikon–Zürich 1954), 284ff. ; Hans Reiner, *Antike und christliche Naturrechtslehre*, Arch. f. Rechts–u. Sozialphilos. 41 (1954/55), 543ff. ; Margarethe Huebner, *Untersuchungen über das Naturrecht in der altchristlichen Literatur, besonders des Abendlandes, vom Ausgang des 2. Jh. bis Augustin* (phil. Diss. Bonn 1918).

[133] Joh. 1, 1.

[134] Clemens von Alexandria, *Stromata* 7, 3, 16 ―크리시포스Chrysippos의 말을 글자 그대로: → *Naturrecht*, Bd. 4, 259.

[135] *Röm.* 2, 14.

[136] Irenaeus, *Adversus haereses* 4,15,1: "왜냐하면 하나님이 우선 인간들에게 권고하며 처음부터 인간에게 불변하는 자연적인 규칙을 통하여, 즉 십계명을 통하여 주셨기 때문이다." ― "기독교 계시론의 자연 법칙화Naturalisierung"에 대한 그 밖의 증거: → *Naturrecht*, Bd. 4, 260.

[137] Clemens von Alexandria, *Stromata* 1, 6, 34; Augustinus, De civitate Dei 19, 7.

[138] Augustinus, *De diversis quaestionibus* 83, qu. 46.

[139] Ders., *De libero arbitrio* 1, 6, 14f. ; ders., *Contra Faustum Manichaeum* 22, 27 : ratio divina vel voluntas Dei.

[140] Ders., *De diversis quaestionibus* 53, qu. 2.

[141] Ders., De ordine 2, 8, 25; 이에 대한 비판적인 입장은 Welzel, *Naturrecht*, 4. Aufl. (s. Anm. 6), 55, Anm. 22.

[142] Augustinus, *De libero arbitrio* 1,6, 14.

[143] Ebd. 1, 5, 11.

[144] Ebd. 1, 15, 31.

[145] Laktanz, Epist. 59; → *Naturrecht*, Bd. 4, 262: 교부신학에서 형성된 국가와의 "내적 거리".

[146] Augustinus, *Epist.* 153, 6, 16.

[147] Ders., *De civitate Dei* 14, 6.

[148] Ders., *De duabus animabus* 12, 6; 이와 이로 인해 피할 수 없어지는 예정설에 대해서는 vgl. Welzel, *Naturrecht*, 4. Aufl., 53f.

[149] Laktanz, *Epist*. 59; → *Naturrecht*, Bd. 4, 262.

[150] 중세에 아리스토텔레스 사고의 수용에 대해서는 vgl. Fernand van Steenberghen, *Aristotle in the West. The Origins of Latin Aristotelianism* (Löwen 1955), 18ff. 62ff. ; Frederick Charles Copleston, *Geschichte der Philosophie im Mittelalter* (München 1976), 150ff.

[151] 요약된 내용은 Welzel, *Naturrecht*, 4. Aufl., 57.

[152] Thomas von Aquin, *Summa theologica* 2, 1, qu. 90ff. ; bes. ebd. qu. 91, art. 4c.

[153] Ebd. 2, 2, qu. 57, 2.

[154] Ebd. 2, 1, qu. 91, 1; ebd. qu. 93, 1.

[155] Ebd. qu. 71, 2; qu. 93, 6 — 여기에서 아리스토텔레스의 사고(여기서는 엔텔레케이아론)를 받아들인 것이 더욱 분명해진다.

[156] → *Naturrecht*, Bd. 4, 264.

[157] Thomas von Aquin, *Summa theologica* 2, 1, qu. 1, 3, ad 3: ens et bonum convertuntur.

[158] Ebd. 2, 1, qu. 93, 6: "내부 원칙의 결정 방법을 통해"

[159] Ebd. : "인식의 방법을 통해"

[160] Ebd. qu. 91, 2.

[161] Ebd. 2, 2, qu. 71, 6. — 토마스는 신데레시스synderesis를 잘 알려졌거나 인식 가능한 오랜 이데아와 관련되어 있는 특수하고 주관적인 윤리적 통찰 기구로 여기고 있다. vgl. ebd. qu. 79, 1; qu. 47, 6; 2, 1, qu. 94, 1.

[162] Ebd. 2, 1, qu. 94, 2: "선은 실행되어야 하고 본받아야 할 것이지만, 악은 금해야 할 것이다." 여기서 최상의 원칙은 스스로에게도 자명한 분석적 판단이라고

칭하고 있다.

[163] Ebd. qu. 94, 4: "이성에 따라 행함"

[164] Ebd. qu. 91, 3: "개인들의 특수한 상황에 따라"

[165] Ebd.

[166] Ebd. 3, 2, qu. 144, 1.

[167] Ebd. 2, 1, qu. 94, 5.

[168] Ebd. qu. 95, 2.

[169] Ebd. qu. 96, 3.

[170] Ebd. qu. 94, 4.

[171] Ebd. qu. 95, 1.

[172] Welzel, *Naturrecht*, 4. Aufl. (s. Anm. 6), 61에는 "전형적으로 자연법적인 선결 문제 요구의 오류petitio principii"에 대한 설명이 있다. 즉 실제로는 자연적인 것 이 선의 내용을 결정하는 것이 아니라 반대로 가정된 선으로부터 무엇이 자연적 인 것인지가 명시된다. 그 후 이 자연적인 것을 갖고서 선을 설명하는 것으로 보 인다. 토마스에게 기독교적 가치 세계는 자연적인 것으로 설정되고 이것으로부 터 기독교적 가치 세계를 추론해내는 것으로 보인다.

[173] Thomas von Aquin, *Summa theologica* 1, 2, qu. 21, 1.

[174] Johannes Duns Scotus, *Opus Oxoniense* 1, 44, 1, schol. n. 1.

[175] Ebd. 1, 8, 5, schol. n. 24; vgl. ebd. 2, 1, 2, schol. n. 9.

[176] Ebd. 3, 19, 1, schol. n. 7: "하나님에서 나오는 모든 것은, 하나님이 원하시므 로 선한 것이지 그 반대는 아니다."

[177] Ebd. 1, 3, 5 u. 14; vgl. ebd. 30, schol. n. 5: "의지가 없다는 것은 신의 권능 에는 없지만, 당신의 사랑이 곧 그분의 의지이다. 그러므로 의지라는 힘 속에는 자신의 본성을 사랑하려 함이 존재하지 않는다."

[178] Ebd. 1, 39, 1, u. 7; 2, 3, 3, schol. n. 11.

[179] Ebd. 1, 44, 11 u. 4.

[180] Ebd. 3, 37, 1, schol. n. 6. ─이것도 하나님에 대한 증오를 금지하는 것으로서 부정적인 표현에만 적용된다. : vgl. ebd. 2, 41, 1, schol. n. 4.

[181] Ebd. 3, 37, 1, schol. n. 5: "따라서 여기에 적힌 명령에는 궁극점으로 향하는 최고선에 이르는 데 필요한 선이 없다. 그리고 여기에서 금해지는 것은 궁극점 에서 멀어지는 데 필요한 악이다. 그런데 만약 그 선함이 쓰여 있지 않다면, 궁 극적인 끝은 사랑과 애착이 될 것이다. 그리고 만약 그 악함이 금지되어 있지 않 다면 궁극점을 얻는 것이 그와 함께 있을 것이다."

[182] Ebd. 3, 37, 1, schol. n. 4.

[183] 추가적으로 Welzel, *Naturrecht*, 4. Aufl. (s. Anm. 6), 76f. ; 그 밖에 특히 Günter Straten─ werth, *Die Naturrechtslehre des Johannes Duns Scotus* (Göttingen 1951), 73ff. ; Johannes Binkowski, *Die Wertlehre des Duns Scotus* (Berlin, Bonn 1936).

[184] Duns Scotus, *Opus Oxoniense* 2, 3, 7, schol. n. 10.

[185] Ebd. 2, 3, 5f., schol. n. 15.

[186] Ebd. 3, 14, 3, schol. n. 4.

[187] Ebd. 3, 37, 1, schol. n. 8: "그 전제로 그러한 실정법의 원칙에 의해 공동체 혹 은 공화국 안에서 평화롭게 번창할 수 있어야 한다."

[188] Ebd. 4, 15, 2, schol. n. 6f. ; Welzel, *Naturrecht*, 4. Aufl., 79f. 에서는 그 속에 특정한 "민주주의" 이념이 예고된다고 보고 있다.

[189] Duns Scotus, *Opus Oxoniense* 1, 3, 5, schol. n. 14; 3, 30, 1, schol. n. 14.

[190] Ebd. 3, 37, 1, schol. n. 8

[191] Ebd.

[192] 이 방향에서 정확한 지적은 Welzel, *Naturrecht*, 4. Aufl., 81.

[193] Ockham에 대해서는 vgl. Erich Hochstetter, *Studien zur Metaphysik und Erkenntnislehre Wilhelms von Ockham* (Berlin, Leipzig 1927); ders., *Viator mundi. Einige Bemerkungen zur Situation des Menschen bei Wilhelm von Ockham*, *Franziskanische Studien* 32 (1950), 1 ff. ; Georges de Lagarde, *L'individualisme*

Ockhamiste, t. 3: La morale et le droit (Paris 1946); Jürgen Miethke, *Ockhams Weg zur Sozialphilosophie* (Berlin 1969).

[194] Wilhelm von Ockham, *Quodlibeta* 4, qu. 1 : 불의 목적이 무엇인가에 대한 질문이 무의미하기 때문에 목적에 대한 질문은 자연 현상에는 무의미하다. ; vgl. 추가적으로 Hochstetter, *Studien*, 170ff.

[195] Wilhelm von Ockham, *Quodlibeta* 3, qu. 13.

[196] Ders., *Sent.* 1, 17 D, qu. 2; vgl. ebd. 47 D, qu. 1.

[197] Vgl. oben zu Duns Scotus; Wilhelm von Ockham, *Sent.* 1, 10 D, qu. 2.

[198] Ebd. 4, 14 D; 추가적으로 Hochstetter, *Studien*, 15에서는 오캄이 그 후 테제를 수정한 것을 다루고 있다.

[199] Wilhelm von Ockham, *Sent.* 2, 190.

[200] Welzel, *Naturrecht*, 4. Aufl. (s. Anm. 6), 87f.

[201] Ebd., 91.

[202] Vgl. Georg Ott, *Recht und Gesetz bei Gabriel Biel, Zs. f. Rechtsgesch.*, Kanonist. Abt. 38 (1952), 250ff. 274ff.

[203] Gabriel Biel, *Collectorium circa quatuor libros sententiarum* 1, 17 D, qu. 1 : "사실 자체가 아니라 신의 의지가 모든 정의와 공정의 첫 번째 규범이다."

[204] 루터의 법 이론에 대해서는 vgl. Johannes Heckel, *Lex charitatis. Eine juristische Untersuchung über das Recht in der Theologie Martin Luthers* (1963), 2. Aufl., hg. v. Martin Heckel (Köln, Wien 1973); ders., Naturrecht und christliche Verantwortung im öffentlichen Leben nach der Lehre Martin Luthers, in: *Zur politischen Predigt*, hg. v. Ev. Dekanat München (Hannover 1952); Franz Xaver Arnold, *Zur Frage des Naturrechts bei Martin Luther* (München 1937) ; Martin Heckel, *Luther und das Recht, Neue jur. Wochenschr. 36* (1983), 2521 ff.; Christoph Link, *Luther und das deutsche Staatsverständnis, Jur. Zeitung* (1983), 869ff.

[205] Luther, Eyn Sermon über das Evangelion Matth. (1529), *WA* Bd. 29 (1904),

564ff.

[206] Ders., Eyn Sermon von dem Wucher······ (1520), *WA* Bd. 6 (1888), 36ff.

[207] Ders., Eyn Sermon über das Evangelion Matth., 564.

[208] Ders., Enarratio Psalmi LI. (1532/38), *WA* Bd. 40/2 (1914), 324.

[209] Ders., Eyn schrecklich Geschicht und ein Gericht Gottes über Thomas Müntzer (1525), *WA* Bd. 18 (1908), 307.

[210] Ders., Vorlesungen über 1. Mose (1535/45), *WA* Bd. 42 (1911), 205.

[211] Ders., Predigt (15. 5. 1535), *WA* Bd. 41 (1910), 242.

[212] Ders., Eine Predigt, daß man Kinder zur Schulen halten solle (1530), *WA* Bd. 30/2 (1909), 555: "즉 이승에서의 통치는 사나운 짐승을 인간으로 만들고 인간들에게 짐승이 될 수 없다는 것을 깨우치게 하는 업적이고 영광이다."

[213] Gregor von Rimini, *Expositio in secundo sententiarum* 34, 2에서는 이미 윤리적 가치의 효력을 가정적으로 신의 존재 여부에 종속시켰다. 그는 분명히 그것을 방법적 실험이라고 불렀고 "불가능한 사례"라고 말했다("nam si per impossibile ratio divina sive Deus ipse non esset"); vgl. Welzel, *Naturrecht*, 4. Aufl. (s. Arm. 6), 94.

[214] Luther, Der 127. Psalm ausgelegt······ (1524), *WA* Bd. 15 (1899), 372f.

[215] Luis Molina, *Tractatus de iustitia et iure* 1, 4, 2 (1593/1609; Ausg. Mainz 1659), 10: "자연적 권리라는 의무는 사물의 본성에서 기인하며, 거기에서 스스로 명령으로 퍼져나간다."

[216] Gabriel Vasquez, In summam theologiae 2, 1, 79, 1, 2. Thomas-Kommentar, t. 2/1 (Ingolstadt 1604), 535: "모든 금지에 앞서 어떤 죄는 명령뿐만 아니라 (법률의) 공표로, (자연계에서) 발생된 것뿐만 아니라 신적 기원에 의해 그 자체로 악이라고 말할 필요가 있다."

[217] Vasquez, In summam theologiae 2, 1,150, 3, 23. Ebd., t. 2/2 (1606), 7f.; vgl. Welzel, *Naturrecht*, 4. Aufl. (s. Anm. 6), 95 f.

[218] Vasquez, In summam theologiae 2, 1, 97, 1, 3. Thomas-Kommentar, t. 2/1, 657.

[219] Francisco Suarez, *Tractatus de legibus ac Deo legislatore* 2, 6,11 ; vgl. Arwed Klug, *Die Rechts- und Staatslehre des Francisco Suarez; eine rechtsphilosophische Untersuchung* (Regensburg 1958).

[220] Suarez, *De legibus* 2, 13, 3; Vasquez, In summam theologiae 2, 1, 94, 4, 9. Thomas—Kommentar, t. 2/1, 651; vgl. Rainer Specht, *Zur Kontroverse von Suarez und Vasquez über den Grund der Verbindlichkeit des Naturrechts*, Arch. f. Rechts— u. Sozialphilos. 45 (1959), 235ff.

[221] Welzel, *Naturrecht*, 4. Aufl., 99.

[222] Max Wundt, *Die deutsche Schulmetaphysik des 17. Jahrhunderts* (Tübingen 1939); Welzel, *Naturrecht*, 4. Aufl., 108f.

[223] s. Abschn. IV. 3. b.

[224] s. Abschn. IV. 3. c.

[225] 추가적으로 E. — W. Böckenförde, *Die Entstehung des Staates als Vorgang der Säkularisation, in: Säkularisation und Utopie, Fschr. Ernst Forsthoff, Erbacher Studien* (1967), 75ff.

[226] Hierzu C. Link, *Herrschaftsordnung und bürgerliche Freiheit. Grenzen der Staatsgewalt in der älteren deutschen Staatslehre* (Wien, Köln, Graz 1979), 115.

[227] Ebd., 115f. —Vgl. auch K. Larenz/G. Holstein, Staatsphilosophie, in: *Hb. d. Philos.*, hg. v. Alfred Baeumler u. Manfred Schröter, Bd. 4 (München, Berlin 1934), 51 ff. 62.

[228] Welzel, *Naturrecht*, 4. Aufl., 110f.

[229] So Samuel Pufendorf, *Eris scandica, qua adversus libros de jure naturali et gentium objecta diluuntur* (1686; Ausg. Frankfurt, Leipzig 1744), 203 ff. —Entgegnung auf seine theologischen Kritiker.

230 Ebd., 187; Welzel, *Naturrecht*, 4. Aufl., 111; Link, Herrschaftsordnung, 114에
서는 자연법의 "탈종파화"라고 적절하게 표현하고 있다.

231 Vgl. F. Wieacker, *Privatrechtsgeschichte der Neuzeit unter besonderer
Berücksichtigung der deutschen Entwicklung* (1952), 2. Aufl. (Göttingen 1967), 254ff.
; Fritz Valjavec, *Geschichte der abendländischen Aufklärung* (Wien, München 1967),
10ff.; Ernst Cassirer, *Die Philosophie der Aufklärung* (Tübingen 1932), 8ff.

232 Cassirer, *Aufklärung*, 11 ff.; H.-L. Schreiber, Gesetz und Richter. Zur
geschichtlichen Entwicklung des Satzes nullum crimen, nulla poena sine lege법률
이 없으면 범죄도 없고 형벌도 없다라는 문장의 역사적 변천에 대해서 (Frankfurt
1976), 34.

233 Cassirer, *Aufklärung*, 12에서는 이 새로운 방법을 "과감하고" "합성적"이라고
말하고 있다.

234 Schreiber, *Gesetz und Richter*, 34; Wolfgang Röd, *Geometrischer Geist und
Naturrecht. Methodengeschichtliche Untersuchungen zur Staatsphilosophie im 17. und
18. Jahrhundert, Bayer. Akad. d. Wiss., Phil.-hist. Kl., Abh. NF 70* (1970), 10ff.

235 Hobbes, *De cive, Praefatio* (1646), Opera, t. 2 (1839; Ndr. 1966), 146.

236 사회계약설의 역사에 대한 기본적인 내용은 Otto v. Gierke, *Johannes Althusius
und die Entwicklung der naturrechtlichen Staatstheorien* (1880), 5. Aufl. (Aalen 1958),
105ff. 344ff.; vgl. Wilhelm Dilthey, *Das Allgemeine Landrecht* (1875), Ges. Sehr.,
Bd. 12, hg. v. Erich Weniger (Leipzig, Berlin 1936), 131 ff.

237 Gierke, *Althusius*, 105.

238 토마스 아퀴나스와 둔스 스코투스는 이것만을 본래 의미의 자연법으로 보았
다, vgl. Abschn. IV. 1; IV. 2; 후기 스콜라철학에서야 비로소 더 먼 추론까지
도 구속력 있는 자연법에 포함시켰다. vgl. Abschn. IV. 3.

239 Welzel, *Naturrecht*, 4. Aufl. (s. Anm. 6), 111.

240 Vgl. den *Band: Der Herrschaftsvertrag*, hg. v. Alfred Voigt (Neuwied, Berlin 1965).

[241] Schreiber, *Gesetz und Richter*, 46 f.; Wilhelm Ebel, *Geschichte der Gesetzgebung in Deutschland* (1956), 2. Aufl. (Göttingen 1958), 13ff.

[242] 추가적으로 Hans Thieme, *Die Zeit des späten Naturrechts. Eine privatrechtsgeschichtliche Studie, Zs. f. Rechtsgesch., Germanist. Abt. 56* (1936), 202ff.; F. Wieacker, *Aufstieg, Blüte und Krise der Kodifikationsidee, Fschr. Gustav Boehmer* (Bonn 1954), 34ff.

[243] 근대 자연법에서 그가 가지는 의의에 대해서는 크게 논란이 되고 있다. : → *Naturrecht*, Bd. 4, 279f.; Welzel, *Naturrecht*, 4. Aufl., 123; C. Link, Hugo Grotius (Tübingen 1983).

[244] Hugo Grotius, *De jure belli ac pacis* 1, 2, 1 f. (1625), Ndr. d. Ausg. v. 1646, ed. James Brown Scott (Oxford, Washington 1913), 15f.

[245] Vgl. Abschn. II. 5.

[246] Grotius, *De jure belli ac pacis,* Prolegomena (o. S.).

[247] Ebd.

[248] Ebd.

[249] Vgl. Anm. 213.

[250] Grotius, *De jure belli ac pacis,* Prolegomena (o. S.).

[251] Ebd. 1, 1, 10 (p. 4).

[252] Welzel, *Naturrecht*, 4. Aufl., 124.

[253] Vgl. Link, Grotius (s. Anm. 243), 6.

[254] Grotius, *De jure belli ac pacis* 1, 1, 12 (p. 6).

[255] Ebd., Prolegomena (o. S.): "그러나 그것은 매우 상이한 시대와 장소에서 확실히 똑같은 것으로 주장한다."

[256] Wieacker, *Privatrechtsgeschichte*, 2. Aufl. (s. Anm. 231), 270.

[257] Grotius, *De jure belli ac pacis* 1, 2, 1 (p. 15).

[258] Ebd. 1, 2, 5 (p. 18f.).

259 Ebd. 1, 2, 6 (p. 21).

260 Ebd. 1, 1, 14f. (p. 6f.); 추가적으로 Link, Herrschaftsordnung (s. Anm. 226), 232ff.

261 Grotius, *De jure belli ac pacis* 2, 20, 42 (p. 339).

262 Ebd. 2, 5, 11 (p. 149f.).

263 Ebd. 2, 20, 42 (p. 339); 사법 제도의 세부 사항에 대해서는 vgl. Wieacker, *Privatrechtsgeschichte*, 2. Aufl., 291 ff.

264 Grotius, *De jure belli ac pacis* 1, 1, 3 (p. 2).

265 Ebd. 1, 4, 1f. (p. 80).

266 Ebd. 1, 3, 8; 2, 5, 23; 3, 20, 7 (p. 52f. 157. 576).

267 Welzel, *Naturrecht*, 4. Aufl. (s. Anm. 6), 116은 '실정법의 자연법적 근거'라고 말한다. ; vgl. ders., *Naturrecht und Rechtspositivismus* (1953), Abh. z. Strafrecht u. z. Rechtsphilos. (Berlin, New York 1975), 274ff. 279ff.

268 근대의 Bodin 연구에 대해서는 vgl. Jean Bodin. *Verhandlungen der internationalen Bodin-Tagung in München*, hg. v. Horst Denzer (München 1973); Jean Treffer, *Jean Bodin. Zum Versuch einer juristisch-philosophischen Bewältigung des allgemeinen religiösen Bürgerkrieges in Frankreich* (München 1977).

269 Bodin과 Hobbes의 유대 관계에 대해서는 vgl. Ulrike Krautheim, *Die Souveränitätskonzeption in den englischen Verfassungskonflikten des 17. Jahrhunderts* (Frankfurt 1977), 333ff.

270 Jean Bodin, *Les six livres de la République* 4, 4; 5, 5 (1576; Ausg. 1583; Ndr. Aalen 1961), 582. 760.

271 Ebd. 4, 7 (p. 652ff.).

272 Ebd. 1, 8 (p. 122ff.). —주권의 결정적인 내용은 법을 제정하고 폐지할 수 있는 포괄적인 권한이다, ebd., 142ff. ; vgl. ebd. 1, 10 (p. 221ff.).

273 국가 형태의 구분에 대해서는 ebd. 2, 2 (p. 272) ; 조화로운 정의正義에 대해서

는 ebd. 6, 6 (p. 1013. 1051).

274 Ebd. 1, 8 (p. 129ff. 155).

275 Ebd. 2, 5; 3, 4 (p. 300ff. 414ff.).

276 Ebd. 2, 5; 3, 4 (p. 307. 418f.).

277 Ebd. 2, 4; 4, 1; 4, 6 (p. 280. 511f. 616); Treffer, Bodin (s. Anm. 268), 125는 "훌륭한 군주의 원칙"이라고 말한다.

278 Vgl. 법철학 및 국가 철학에 대한 그의 가장 중요한 작품인 'Elements of Law, Natural and Politic' (1640), 'De cive' (1642/46), 'Leviathan' (engl. 1651; lat. 1668).

279 마지막 표현과 관련하여 부족한 내용에 대해서는 vgl. Malte Diesselhorst, Nachwort zu Hobbes, Leviathan, dt. v. Johann Peter Mayer, bearb. 1936, nach einer Übers, v. 1794/95 (Ausg. Stuttgart 1980).

280 Hobbes, Leviathan, or the Matter, Form, and Power of a Commonwealth, Ecclesiasticall and Civil 6 (1651), EW vol. 3 (1839; Ndr. 1962), 4 l.

281 Ebd. 15 (p. 130ff.).

282 이 인류학의 뿌리는 한편으로는 종교개혁가들의 '자연-부패-이론natura-corrupta-Lehre'에서, 다른 한편으로는 홉스가 1628년에 영어로 번역한 Thukydides를 통해 알려진 소피스트들의 충동 이론에서 찾을 수 있는데, 이에 대해서 그리고 윌리엄 오캄의 영향에 대해서는 vgl. Welzel, Naturrecht, 4. Aufl. (s. Anm. 6), 115ff. 사실 더 중요한 것은 잉글랜드 내전에서 겪은 직접적인 영향이었을 것이다.

283 Hobbes, Leviathan 13 (p. 113).

284 Ders., De cive 1, 5 (1642/46), Opera, t. 2 (1839; Ndr. 1962), 209ff.; ders., Leviathan 13. 15 (p. 110ff. 130ff.).

285 Ebd. 14 (p. 117).

286 Ebd. 13 (p. 116).

287 Ebd. 14 (p. 126f.).

[288] Ebd. 15 (p. 131).

[289] Ebd. 14. 15 (p. 116ff. 130ff.).

[290] 홉스는 그 내용을 이렇게 정의한다., ebd. 17 (p. 158) "나는 나 스스로를 지배하는 권한을 이 사람 또는 이 사람들의 무리에게 위임하는데, 다만 당신들도 그에 대한 권리를 포기하고 그의 모든 행위를 같은 방식으로 위임하는 조건 하에서 그러하다."

[291] Ebd.

[292] Ebd. 21 (p. 208).

[293] Ebd. 18. 21 (p. 159ff. 196ff.).

[294] Ebd. 18 (p. 169f.).

[295] Vgl. z. B. Ferdinand Tönnies, *Thomas Hobbes. Leben und Lehre* (1925), 3. Aufl. (Stuttgart–Bad Cannstatt 1971), 257.

[296] Hobbes, *Leviathan sive de materia, forma et potestate civitatis ecclesiasticae et civilis* 26 (1668), Opera, t. 3 (1841 ; Ndr. 1962), 202. —die potentia Dei 에 관한 둔스 스코투스와 윌리엄 폰 오캄의 발언을 죽음을 피할 수 없는 신, Leviathan에 적용한 것에 대해서는, Welzel, *Naturrecht*, 4. Aufl. (s. Anm. 6), 120.

[297] Hobbes, *Leviathan* 19 (p. 171 ff.).

[298] Vgl. ebd. 30. 18 (p. 322ff. 159ff.).

[299] Gustav Radbruch, *Rechtsphilosophie* (1914), 8. Aufl., hg. v. E. Wolf u. H.–P. Schneider (Stuttgart 1973), 165.

[300] S. Pufendorf, *De jure naturae et gentium libri octo* 2, 3, 14 (1672), Ndr. d. Ausg. v. 1688, hg. v. Walter Simons (Oxford, London 1934), 141 : "우리는 인간의 본성 자체, 조건과 경향을 좀 더 정확하게 관찰하는 것보다 자연법을 찾기 위한 더 가깝고, 더 적합한 방법을 알지 못한다."

[301] H. Welzel, *Die Naturrechtslehre Samuel Pufendorfs* (Berlin 1958), 43.

[302] Pufendorf, *De jure naturae* 1, 1, 2f. (p. 2f.)S

303 Ebd. 1, 3, 6 (p. 29); ders., *Eris scandica* (s. Anm. 229), 76ff.

304 Vgl. H. Denzer, *Moralphilosophie und Naturrecht bei Samuel Pufendorf. Eine geistes- und wissenschaftsgeschichtliche Untersuchung zur Geburt des Naturrechts aus der praktischen Philosophie* (München 1972), 67ff.

305 → *Naturrecht*, Bd. 4, 288: Leibniz, *Kant und Hegel*에게 있어서 "자연의 제국 Reich der Natur"과 "자유의 제국Reich der Freiheit"에서 이들 구별이 계속 작용하는 것에 대한 설명을 포함.

306 Pufendorf, *De jure naturae* 3, 4, 1 (p. 257).

307 Vgl. Abschn. IV. 3. b.

308 Ders., *Eris scandica* (s. Anm. 229), 111.

309 Ebd., 330. 361. 394. —Vgl. Denzer, *Moralphilosophie*, 14.

310 Pufendorf, *De jure naturae* 2, 4; 2, 5; 3, 1 (p. 159ff. 182ff. 235ff.).

311 Vgl. Wieacker, *Privatrechtsgeschichte*, 2. Aufl. (s. Anm. 231), 309ff. ; Welzel, *Naturrecht*, 4. Aufl. (s. Anm. 6), 140.

312 Wieacker, *Privatrechtsgeschichte*, 2. Aufl., 311.

313 Pufendorf, *De jure naturae* 2, 1, 5; 3, 2, 1 (p. 101 f. 224).

314 Ebd. 3, 2, 1 (p. 224).

315 Ebd. 3, 2, 8 (p. 231).

316 Ebd. 3, 2, 2 (p. 225); → *Naturrecht*, Bd. 4, 291.

317 Ebd. 7, 6, 16; 7, 2, 7 (p. 739f. 665f.).

318 H. Welzel, Ein Kapitel aus der Geschichte der amerikanischen Erklärung der Menschenrechte, in: *Rechtsprobleme in Staat und Kirche, Fschr. Rudolf Smend* (Göttingen 1952), 387ff.

319 Pufendorf, *De jure naturae* 2, 3, 4 (p. 125f.).

320 Denzer, *Moralphilosophie* (s. Anm. 304), 270.

321 Pufendorf, *De jure naturae* 8, 3, 16 (p. 810f.).

322 Ebd. 2, 3, 23f. (p. 155f.); 추가적으로 Schreiber, *Rechtspflicht* (s. Anm. 101), 11f.; Link, *Herrschaftsordnung* (s. Anm. 226), 119에서는 이 마지막 경우에 대해 "최고 권력summa potestas의 지휘권 하에서 국가 조약 및 통치 조약에 복종하는 데에서 나온 부차적 의무"라고 말한다. 이로써 복종 의무는 "약속은 지켜져야 한다pacta sunt servanda라는 자연법 법규에서 나온 것이다."

323 Pufendorf, *De jure naturae* 7, 4, 3 (p. 691 f.).

324 Ebd. 8, 1, 6 (p. 778L).

325 Ebd., 780.

326 가장 중요한 법철학 및 국가 철학 논문: John Locke, *Two Treatises of Government* (1690), Works, vol. 5 (1823; Ndr. 1963).

327 Ebd., § § 95ff. (p. 394ff.)에서는 권력자의 계약에 대한 구속 문제는 분명히 다뤄지고 있지 않다, vgl. ebd., § § 134. 139 (p. 416f. 422).

328 Ebd., *2nd Treatise*, § § 4ff. 124ff. (p. 339ff. 412ff.).

329 Vgl. ebd., § 131 (p. 414)에서는 § 124 (p. 412)와의 비교; 재산에만 제한되어서는 ebd., § 138 (p. 421).

330 Ebd., § § 124. 131 (p. 412. 414).

331 Ebd., § § 90ff. (p. 389ff.).

332 Ebd., § 91 (p. 390).

333 Vgl. ebd., § § 88. 90. 94 (p. 389. 392f.).

334 Ebd., § § 141 ff. (p. 423ff.).

335 Ebd., § 141 (p. 423).

336 Ebd., § § 91. 131. 136 (p. 390f. 414f. 419).

337 Ebd., § § 221 ff. (p. 469ff.).

338 Ebd., § § 222. 227. 243 (p. 469f. 473. 484f.).

339 Hobbes, *Leviathan* 47 (s. Anm. 280), 688 ff.

340 Locke, *2nd Treatise*, § 225 (p. 472).

341 Ebd., § § 226ff. (p. 472ff.).

342 Ebd., § § 149. 243 (p. 426f. 484f.).

343 Ebd., § 226 (p. 472f.).

344 Christian Thomasius, *Fundamenta juris naturae et gentium……, Prooem.*, § 9 (1705), 4. ed. (1718; Ndr. Aalen 1963), 6.

345 Ebd., *Prooem.*, § 7 (p. 5).

346 Ebd., *Fundamenta* 1, 1, § 66; *Prooem.*, § 6 (p. 45. 5); ders., *Institutionum jurisprudentiae divinae……* 1, 1, § 50ff. (1688), 7. ed. (1730; Ndr. Aalen 1963), 50. ―Thomasius의 인류학에 대해서는 vgl. Schreiber, *Rechtspflicht* (s. Anm. 101), 14ff. ; Hinrich Rüping, *Die Naturrechtslehre des Christian Thomasius und ihre Fortbildung in der Thomasius-Schule* (Bonn 1968), 36ff.

347 Thomasius, *Fundamenta* 1, 1, § § 94. 119. 130. 141 (p. 53. 59. 61. 69).

348 Ebd., § § 121 ff. (p. 60ff.).

349 Ebd.

350 Ebd. 1, 4, § 1 (p. 121).

351 Ebd. 1, 6, § 21 (p. 172) : Facienda esse, quae vitam hominum reddunt et maxime diuturnam et felicissimam; et evitanda, quae vitam reddunt infelicem et mortem accelerant.

352 이런 근본적인 차이는 이미 그의 주요 작품 제목에서 나타난다.: "자연과 인간의 법의 토대…… 그 안에서 정직, 정의와 예절의 원칙들이 도처에서 눈에 띄는……."

353 최고의 명령은 ebd. 1, 6, § 40 (p. 177): "네가 원하는 것을, 마치 다른 이들이 그들 스스로를 위해 하는 것처럼, 너도 너를 위해 하라."

354 이는 명령에서 유추된다. "타인들이 너에게 하기 바라는 것을 네가 그들에게 하라." ebd., § 41 (p. 177).

355 여기서 최상의 규범은 "너에게 일어나기 바라지 않는 것을 타인에게도 하지 마

라." ebd., § 42 (p. 177).

356 Ebd., §§ 40ff. (p. 177ff.); vgl. ebd. 1, 4, § 72ff (p. 137ff.).

357 Ders., *Vernünfftige und christliche······ Gedancken und Erinnerungen über allerhand gemischte philosophische und juristische Händel*, Bd. 2 (Halle 1724), 1. 4. 9; ders., *Dreyfache Rettung des Rechts evangelischer Fürsten in Kirchen-Sachen······*, 3. Abh. (Frankfurt 1701), 98, Anm. a: "이것이 나의 원칙이다. 즉 제후들은 외부적 평화를 보호해야 하기 때문에 평화를 교란시키는 것을 금지시키고 그렇지 않은 것은 용인할 권력을 가지고 있다."

358 Vgl. Schreiber, *Rechtspflicht* (s. Anm. 101), 22.

359 Thomasius, *Fundamenta* 1, 5, § 17 (p. 149): "모든 권리는 내적인 것이 아니라 외적인 것이다. 따라서 권리에 부응하는 의무에 대해 똑같이 말해야 하는데, 그것은 곧 외적인 것이다."

360 Ebd., *Prooem.*, § 9 (p. 6).

361 Ebd. 1, 5, § 29 (p. 151): "자연법은 고요한 영혼의 추론에 의해 인식되며, 실정법은 공개와 공표를 요구한다."

362 Vgl. ebd., § 34 (p. 152).

363 →*Naturrecht*, Bd. 4, 294; Welzel, *Naturrecht*, 4. Aufl. (s. Anm. 6), 165에서 '자연법을 법이라고 말하기를 거부'하고 있는데 이는 좀 지나치다.

364 Vgl. Schreiber, *Rechtspflicht*, 21.

365 Thomasius, *Fundamenta* 1, 5, § 33 (p. 152).

366 Ebd., § 53 (p. 156).

367 Ders., *Institutiones* 3, 6, § 119 (s. Anm. 346), 150.

368 Ders., *Fundamenta* 1, 5, § 53 (p. 156).

369 Ebd., § 64 (p. 159).

370 Walther Schönfeld, Die Geschichte der Rechtswissenschaft im Spiegel der Metaphysik, in: *Reich und Recht in der deutschen Philosophie*, hg. v. K. Larenz, Bd.

2 (Stuttgart, Berlin 1943), 215; Rüping, *Thomasius* (s. Anm. 346), 41ff.; Wolfgang Wieb-king, *Recht, Reich und Kirche in der Lehre des Christian Thomasius* (phil. Diss. Tübingen 1973), 92ff.

371 Wolff의 전반적인 것에 대해서는: Wieacker, *Privatrechtsgeschichte*, 2. Aufl. (s. Anm. 231), 318ff.; Thieme, *Naturrecht* (s. Anm. 242), 226ff.; Hanns-Martin Bachmann, *Die naturrechtliche Staatslehre Christian Wolffs* (Berlin 1977).

372 Christian Wolff, Vernünfftige Gedancken von der Menschen Thun und Lassen······, § 19 (1720), *GW* 1. Abt., Bd. 4: *Deutsche Ethik* (1976), 16.

373 Ders., Institutiones juris naturae et gentium······, § 43 (1750), *GW* 2. Abt., Bd. 26 (1969), 22: "자연법이 우리로 하여금 행위를 하도록 하며, 그것이 인간을 완전하게 한다."

374 Ders., Vernünfftige Gedancken von den Kräfften des menschlichen Verstandes ······ 10, § 6 (1712), *GW* 1. Abt., Bd. 1: *Deutsche Logik* (1965), 220f.

375 Ders., *Deutsche Ethik*, § 12 (p. 12).

376 Ders., Jus naturae methodo scientifica pertractatum······ 1, § 24 (1740/48), *GW* 2. Abt., Bd. 17 (1972), 20: "권리는 의무에서 기인하기 때문에, 그것으로부터 다른 것이 기인한 것(의무)은 그것(권리)보다 우선한다. 의무가 권리에 우선한다." — Vgl. Schreiber, *Rechtspflicht* (s. Anm. 101), 28; Bachmann, *Wolff*, 98 ff.

377 Wolff, *Jus naturae* 1, § § 81. 146 (p. 52. SS) — "모든 인간은 본질적으로 평등하다······, 모든 인간은 본질적으로 자유롭다."

378 Ebd., § 89 (p. 56): "본질적으로 아무도 인간들 가운데 다른 사람보다 더 큰 권리를 갖지 못하며, 인간들 가운데 그 누구도 다른 사람보다 더 큰 권리를 갖지 못한다."

379 Bachmann, *Wolff,* 103 f.

380 Wolff, *Jus naturae* 1, § 156 (p. 93).

381 Ders., *Institutiones* (s. Anm. 373), § 90 (p. 47f.).

[382] Ebd., § 143 (p. 79f.).

[383] Ebd., § 115 (p. 63).

[384] Ebd., § 46 (p. 24).

[385] Ders., Jus naturae⋯⋯ 8, § 422. *GW* 2. Abt., Bd. 24 (1972), 314; vgl. ebd. 7, § § 430ff. *GW* 2. Abt., Bd. 23 (1972), 293ff.

[386] Ders., *Institutiones*, § 74 (p. 38).

[387] Ders., Vernünfftige Gedancken von dem gesellschaftlichen Leben der Menschen ⋯⋯, § 1 (1721), 4. Aufl. (1736), *GW* 1. Abt., Bd. 5: *Deutsche Politik* (1975), 1f.; 추가적으로 Bachmann, *Wolff* (s. Anm. 371), 118ff.

[388] Wolff, *Deutsche Politik*, § § 214ff. (p. 162ff.); vgl. ders., *Jus naturae* 8, § 511 (p. 386); Wolff의 국가 이론에 대한 자세한 내용은: C. Link, Die Staatstheorie Christian Wolffs, in: *Christian Wolff* (1679~1754), hg. v. Werner Schneiders (Hamburg 1983).

[389] Roderich v. Stintzing/Ernst Landsberg, *Geschichte der deutschen Rechtswissenschaft*, Bd. 3/1: Zeitalter des Naturrechts (München 1898; Ndr. Aalen 1978), 203: 광범위한 '복지'라는 국가의 목적과 관련하여 국가의 권한을 제한하는 문제에 대해서.

[390] Wolff, *Institutiones,* § § 1068ff. (p. 665ff.), 'De theoria naturali legum civilium' 이라는 제목으로.

[391] Ders., *Jus naturae* 8, § § 966ff. (p. 743ff.).

[392] Sten Gagner, *Studien zur Ideengeschichte der Gesetzgebung* (Stockholm, Uppsala, (Göteborg 1960), 70ff.

[393] Wolff, *Jus naturae* 8, § 1044 (p. 818).

[394] Ebd., § § 1054. 1041. 1060 (p. 827. 814. 830f.).

[395] Ders., *Deutsche Politik*, § § 401. 468 (p. 418. 509).

[396] Dieter v. Stephanitz, *Exakte Naturwissenschaft und Recht. Der Einfluß von Naturwissenschaft und Mathematik auf Rechtsdenken und Rechtswissenschaft in*

zweieinhalb Jahrtausenden. Ein historischer Grundriß (Berlin 1970), 84ff.

[397] Wolff, *Institutiones*, § 62 (p. 32f.)': Postulat eines zusammenhängenden Systems. 이 전제의 형식적 구조에 있어서 볼프의 '증명 방법'은 스피노자의 'Ethica ordine geometrico demonstrata' (1677)와 정확히 일치한다.

[398] Vgl. Wieacker, *Privatrechtsgeschichte*, 2. Aufl. (s. Anm. 231), 319에서는 볼프가 공통된 법의 구체화된 내용을 자연법이라고 선언한 사실을 지적하고 있다(s. Anm. 242), 227 f.

[399] Schreiber, *Gesetz und Richter* (s. Anm. 232), 48f.

[400] 몽테스키외의 법 이론에 대해서는 vgl. W. Dilthey, *Das 18. Jahrhundert und die geschichtliche Welt* (1901), Ges. Sehr., Bd. 3, hg. v. Paul Ritter (Leipzig, Berlin 1927), 207ff.; Cassirer, *Aufklärung* (s. Anm. 231), 324ff.; E.–W. Böckenförde, *Gesetz und gesetzgebende Gewalt. Von den Anfängen der deutschen Staatsrechtslehre bis zur Höhe des staatsrechtlichen Positivismus* (Berlin 1958).

[401] 여기서 '자유'는 모든 국민의 추상적이고 동등한 자유를 의미하는 것이 아니라 개인적, 신분적 권리의 보장을 말한다., Böckenförde, *Gesetz*, 30.

[402] Montesquieu, *De l'esprit des lois* 11, 3 (1748), Oeuvres compl., t. 2 (1951; 1976), 395.

[403] Ebd. 1, 1 (p. 232).

[404] Ebd.

[405] Ebd., 234.

[406] Ebd. 1, 3 (p. 237).

[407] Ebd., 237f. —Vgl. Dilthey, *Das 18. Jahrhundert*, 233ff.

[408] Montesquieu, Esprit des lois 12, 4 (p. 433).

[409] Ebd. 11, 6 (p. 401).

[410] Ebd. 6, 3 (p. 311).

[411] Ebd. 11, 6 (p. 404).

[412] Die Überschrift ebd. 26, 3 (p. 752): "Les lois civiles qui sont contraires à la loi naturelle".

[413] Ebd.

[414] Ebd.

[415] Ebd. 26, 5f. (p. 754ff.).

[416] Ebd. 26, 4 (p. 753f.).

[417] Vgl. Welzel, *Naturrecht*, 4. Aufl. (s. Anm. 6), 156ff. 161; Otto Vossler, *Rousseaus Freiheitslehre* (Göttingen 1963), 319.

[418] Rousseau, *Du contrat social; ou, principes du droit politique* 2, 4 (1762), Oeuvres compl., t. 3 (1964), 372.

[419] Ebd. 1, 2 (p. 352).

[420] Ebd. 1, 4 (p. 355).

[421] Welzel, *Naturrecht*, 4. Aufl., 157.

[422] Rousseau, *Contrat social* 1, 6 (p. 360f.).

[423] Ebd., 360.

[424] Ebd. 1, 7 (p. 362).

[425] Ebd. 2, 3 (p. 371 f.).

[426] Ebd., 371.

[427] Welzel, *Naturrecht*, 4. Aufl., 159.

[428] Vgl. Rousseau, *Contrat social* 2, 4 (p. 372ff.).

[429] Vossler, *Freiheitslehre* (s. Anm. 417), 390f.

[430] Welzel, *Naturrecht*, 4. Aufl., 161.

[431] Ebd., 162.

[432] Jürgen Habermas, Naturrecht und Revolution (1962), in: ders., *Theorie und Praxis. Sozialphilos. Studien* (1963), 4. Aufl. (Frankfurt 1971), 92.

[433] 계몽주의 형법학자들의 Carolina에 대한 비판에 대해서는 Julius Friedrich

Malblank, *Geschichte der peinlichen Gerichts-Ordnung Kaiser Karls V. von ihrer Entstehung und ihren weiteren Schicksalen bis auf unsere Zeit* (Nürnberg 1783), 253ff.

[434] Schreiber, *Gesetz und Richter* (s. Anm. 232), 44f.

[435] Ebel, *Gesetzgebung* (s. Anm. 241), 63f.

[436] Schreiber, *Gesetz und Richter*, 49f.

[437] Wieacker, *Aufstieg* (s. Anm. 242), 34.

[438] H. Thieme, *Die preußische Kodifikation, Zs. f. Rechtsgesch., Germanist. Abt. 57* (1937), 357ff.

[439] Schreiber, *Gesetz und Richter*, 54; H. Rüping, *Grundriß der Strafrechtsgeschichte* (München 1983).

[440] Wieacker, *Privatrechtsgeschichte*, 2. Aufl. (s. Anm. 231), 323.

[441] Thieme, *Preuß. Kodifikation*, 359f.; ders., *Naturrecht* (s. Anm. 242), 229ff. ; Wieacker, *Privatrechtsgeschichte*, 2. Aufl., 324 ff.

[442] 편찬에 대한 자세한 설명은 Stintzing/Landsberg, *Rechtswissenschaft* (s. Anm. 389), Bd. 3/1, 223ff.: Codex juris criminalis Bavarici (1751), Codex juris Bavarici judicalis (1753), Codex Maximilianeus Bavaricus civilis (1756).

[443] Wieacker, *Privatrechtsgeschichte*, 2. Aufl., 326f.

[444] Cabinets−Ordre v. 18. 6. 1714, zit. ebd., 328.

[445] Vgl. 추가적으로 Thieme, Preuß. Kodifikation, 361 ff.; Schreiber, *Gesetz und Richter* (s. Anm. 232), 85ff.

[446] Thieme, *Preuß. Kodifikation*, 364ff.; Carl Gottlieb Svarez, *Vorträge über Recht und Staat*, hg. v. Hermann Conrad u. Gerd Kleinheyer (Köln, Opladen 1960); 법률 제정의 정치적, 사회적 여건에 대해서는: Reinhart Koselleck, *Preußen zwischen Reform und Revolution. Allgemeines Landrecht, Verwaltung und soziale Bewegung von 1791 bis 1848* (1967), 2. Aufl. (Stuttgart 1975).

[447] Dilthey, *Allg. Landrecht* (s. Anm. 236), 131 ff.

[448] Ebd., 153ff.; Thieme, *Preuß. Kodifikation*, 365ff.

[449] Vgl. Wieacker, *Privatrechtsgeschichte*, 2. Aufl., 335ff.; H. Conrad, *Zu den geistigen Grundlagen der Strafrechtsreform Josephs* II. (1780~1789), Fschr. Hellmuth v. Weber, hg. v. H. Welzel u. a. (Bonn 1963), 56ff.

[450] Schreiber, *Gesetz und Richter*, 80.

[451] Wieacker, *Privatrechtsgeschichte*, 2. Aufl., 336.

[452] Ebd., 338f.

[453] Friedrich Lohmann, *Jean Paul Marat und das Strafrecht in der Französischen Revolution* (Bonn 1963), 19ff.; Eberhard Schmidt, *Einführung in die Geschichte der deutschen Strafrechtspflege* (1947), 3. Aufl. (Göttingen 1965), 259f.

[454] 여기서 몽테스키외의 영향이 분명히 드러난다. ; vgl. Schreiber, *Gesetz und Richter, 75; Schmidt, Strafrechtspflege*, 260에서는 Code pénal을 통해 '계몽주의의 새로운 정신'이 불고 있다고까지 표현했다.

[455] Wieacker, *Privatrechtsgeschichte*, 2. Aufl. (s. Anm. 231), 341; 이들 법이 탄생한 과정에 대해서는 vgl. Walter Wilhelm, Gesetzgebung und Kodifikation in Frankreich im 17. und 18. Jahrhundert, in: *Jus commune*, hg. v. H. Coing, Bd. 1 (Frankfurt 1967), 241 ff.

[456] Wieacker, *Privatrechtsgeschichte*, 2. Aufl., 341; Paul Koschaker, *Europa und das römische Recht* (1947), 4. Aufl. (München 1966).

[457] 이를 평가한 것에 대해서는 Vgl. Wieacker, *Privatrechtsgeschichte*, 2. Aufl., 343f. ; H. Thieme, *Das Naturrecht und die europäische Privatrechtsgeschichte* (Basel 1957), 38ff.

[458] 인권선언의 탄생과 영향에 대해서는 vgl. die Aufsätze in dem Sammelband: *Zur Geschichte der Erklärung der Menschenrechte*, hg. v. Roman Schnur (Darmstadt 1964). ―Roscoe Pound, *The Development of Constitutional Guarantees of Liberty* (London, Oxford, New Haven 1957) ; Martin Kriele, Zur Geschichte der Grund―

und Menschenrechte, in: *öffentliches Recht und Politik, Eschr. Hans Ulrich Scupin*, hg. v. Norbert Achterberg (Berlin 1973), 187ff.

[459] Virginia Bill of Rights (12. 6. 1776), abgedr. Staatsverfassungen. Eine Sammlung wichtiger Verfassungen der Vergangenheit und Gegenwart in Urtext und Übersetzung, hg. v. Günther Franz, 2. Aufl. (München 1964), 6f.

[460] G. Jellinek, *Die Erklärung der Menschen- und Bürgerrechte*, 4. Aufl. (1927), abgedr. Schnur, Menschenrechte, 18.

[461] G. Oestreich, Die Entstehung der Menschenrechte und Grundfreiheiten, in: *Die Grundrechte. Handbuch der Theorie und Praxis der Grundrechte*, hg. v. Karl August Bettermann, Franz L. Neumann, Hans Carl Nipperdey, Bd. 1/1 (1966), 2. Aufl. (Berlin 1978), 61 f.

[462] Virginia Bill of Rights, sect. 1, abgedr. Franz, Staatsverfassungen, 6.

[463] 인권선언 및 권리장전의 내용에 대해서는 vgl. Oestreich, *Menschenrechte*, 2. Aufl., 62ff. ; Felix Ermacora, *Menschenrechte in der sich wandelnden Welt*, Bd. 1: *Historische Entwicklung der Menschenrechte und Grundfreiheiten* (Wien 1974), 97ff.

[464] Declaration of Independence (4. 7. 1776), abgedr. Adolf Rock, *Dokumente der amerikanischen Demokratie* (1947), 2. Aufl. (Wiesbaden 1953), 102.

[465] Jellinek, *Menschen- und Bürgerrechte*, 4. Aufl., 39ff.

[466] Alle abgedr. bei Schnur, Menschenrechte.

[467] Vgl. Oestreich, *Menschenrechte*, 2. Aufl., 58ff.

[468] Kriele, *Grund- und Menschenrechte* (s. Anm. 458), 188f.

[469] Ebd., 189.

[470] Justus Hashagen, *Zur Entstehungsgeschichte der nordamerikanischen Erklärungen der Menschenrechte* (1924), abgedr. Schnur, Menschenrechte (s. Anm. 458), 149.

[471] Oestreich, *Menschenrechte*, 2. Aufl., 58; Kriele, *Grund-und Menschenrechte*, 199 ; Ermacora, *Menschenrechte*, Bd. 1, 97.

[472] Hashagen, *Entstehungsgeschichte*, 149; Oestreich, *Menschenrechte*, 2. Aufl., 58.

[473] O. Vossler, *Studien zur Erklärung der Menschenrechte* (1930), abgedr. Schnur, Menschenrechte, 176ff.; Émile Boutmy, *Die Erklärung der Menschen- und Bürgerrechte und Georg Jellinek* (1902), abgedr. ebd., 102.

[474] Josef Bohatec, *Die Vorgeschichte der Menschen- und Bürgerrechte in der englischen Publizistik in der ersten Hälfte des 17. Jahrhunderts* (1956), abgedr. ebd., 274f.

[475] Vossler, *Studien*, 186f.; Bohatec, *Vorgeschichte*, 275f.

[476] Oestreich, *Menschenrechte*, 2. Aufl. (s. Anm. 461), 60f.; Ermacora, *Menschenrechte* (s. Anm. 463), Bd. 1, 97.

[477] Hashagen, *Entstehungsgeschichte*, 157.

[478] Ebd. — Oestreich, *Menschenrechte*, 2. Aufl., 60; Kriele, *Grund-und Menschenrechte* (s. Anm. 458), 198는 지나치게 제한적으로 '자연법적 근거'는 '기본권의 법학적 본질에 아무것도 추가시키지 않으며', '이데올로기적 배경에만' 해당된다고 말하고 있다; ebd., 192f.는 여기에서도 벗어난다.

[479] Vgl. Anm. 459. 464.

[480] Vossler, *Studien*, 180f.

[481] Gerhard Ritter, *Ursprung und Wesen der Menschenrechte* (1949), abgedr. Schnur, Menschenrechte (s. Anm. 458), 215.

[482] Schnur의 기고문, Menschenrechte 외에도 vgl. Fritz Klövekorn, *Die Entstehung der Menschen-und Bürgerrechte* (Berlin 1911); Bernhard Schickhardt, *Die Erklärung der Menschen-und Bürgerrechte von 1789-91 in den Debatten der Nationalversammlung* (Berlin 1931), 78; Habermas, *Naturrecht*, 4. Aufl. (s. Anm. 432), 82ff.; Robert Redslob, *Die Staatstheorien der Französischen Nationalversammlung von 1789* (Leipzig 1912).

[483] Constitution Française (3.9.1791), abgedr. Franz, *Staatsverfassungen*, 302. 304 (Präambel u. Art. 3).

484 Vgl. Jellinek, *Menschen-und Bürgerrechte,* 4. Aufl. (s. Anm. 460), 20ff.

485 Boutmy, *Menschen-und Bürgerrechte* (s. Anm. 473), 78ff.

486 Vossler, *Studien* (s. Anm. 473), 193ff.; Kriele, *Grund-und Menschenrechte* (s. Anm. 458), 191 f.

487 Vossler, *Studien,* 193ff.; Klövekorn, *Entstehung,* 58f.; Schickhardt, *Erklärung,* 53ff.; Schreiber, *Gesetz und Richter* (s. Anm. 232), 69ff.

488 요약된 내용은 Schickhardt, *Erklärung,* 144ff.

489 Kriele, *Grund-und Menschenrechte,* 191.

490 Redslob, *Staatstheorien,* 95 ff.

491 Habermas, *Naturrecht,* 4. Aufl., 89 ff.

492 Ebd., 102f.; Schickhardt, *Erklärung* (s. Anm. 482), 137.

493 Habermas, *Naturrecht,* 4. Aufl., 105.

494 David Hume, *A Treatise of Human Nature* 3, 1, 1 (1738), Works, 2nd ed., vol. 2 (1886; Ndr. 1964), 245f.

495 Kant, *Grundlegung zur Metaphysik der Sitten* (1785), AA Bd. 4 (1903; Ndr. 1968), 387. 411f.

496 칸트의 예지인homo-noumenon 학설이 전통적 이성형이상학Vernunftmeta physik 을 발전시킨 것에 불과한가에 대해서는 논쟁이 가능하다. 이 점에서는 다소 극단 적이지만 잘 설명하고 있는 Ernst Topitsch, Motive und Modelle der Kantischen Moralmetaphysik, in: ders., *Sozialphilosophie zwischen Ideologie und Wissenschaft* (Neuwied, Berlin 1961), 201 ff.

497 Kant, *Metaphysik der Sitten* (1797), AA Bd. 6 (1907; Ndr. 1968), 237; vgl. ehd., 224f. 229.

498 Ebd., 229.

499 Ders., *Grundlegung,* 389.

500 Ebd., 230.

[501] 자연법의 '개념'과 '원칙'은 구별되지 않는다. : vgl. ders., *Metaphysik der Sitten*, 229f.

[502] Ders., Grundlegung, 421 ; ders., *Kritik der praktischen Vernunft* (1788), AA Bd. 5 (1908; Ndr. 1968), 27. 63.

[503] Ders., *Grundlegung*, 428ff. ; ders., *Kritik*, 87.

[504] Ders., *Metaphysik der Sitten*, 237.

[505] 이런 결론은 이미 윤리의 '기초 공사'에서 발전된 형태를 '윤리의 형이상학'에서 받아들이는 데에서 나온다., ebd., 219f. ; 추가적으로 Schreiber, *Rechtspflicht* (s. Anm. 101), 33ff., bes. 49; Ralf Dreier, *Recht-Moral-Ideologie. Studien zur Rechtstheroie* (Frankfurt 1981), 290ff.

[506] Kant, *Metaphysik der Sitten*, 220.

[507] Ders., *Grundlegung*, 397.

[508] Ders., *Metaphysik der Sitten*, 219ff.

[509] Ebd., 320; vgl. ders., *Zum ewigen Frieden* (1795), AA Bd. 8 (1912; Ndr. 1968), 382; ders., *Über den Gemeinspruch: Das mag in der Theorie richtig sein, taugt aber nicht für die Praxis* (1793), ebd., 297.

[510] Ders., *Metaphysik der Sitten*, 312.

[511] Ebd., 321 f.; ders., *Der Streit der Fakultäten* (1798), AA Bd. 7 (1907 ; Ndr. 1968), 85ff.

[512] Ders., *Idee zu einer allgemeinen Geschichte in weltbürgerlicher Absicht* (1784), AA Bd. 8, 22.

[513] Ders., *Streit der Fakultäten*, 90f.

[514] 추가적으로 vgl. Dreier, *Recht-Moral-Ideologie*, 286 ff. 307, Anm. 6.

[515] 이러한 발전에 칸트가 미친 영향에 대해서는 vgl. Herbert Krüger, *Allgemeine Staatslehre* (1964), 2. Aufl. (Stuttgart, Berlin, Köln 1966), 776; Klaus Stern, *Das Staatsrecht der Bundesrepublik Deutschland*, Bd. 1 (München 1977), 602ff., bes.

605. ―추가적으로 Wilhelm v. Humboldt, *Ideen zu einem Versuch, die Gränzen der Wirksamkeit des Staats zu bestimmen* (1792), AA Bd. 1 (1903; Ndr. 1968), 97ff.

[516] Paul Joh. Anselm Feuerbach, *Revision der Grundsätze und Grundbegriffe des positiven peinlichen Rechts*, Bd. 1 (Erfurt 1799; Ndr. Aalen 1966), 39. ―비록 볼프강 나우케, 칸트 그리고 포이어바흐의 《심리학적 강제 이론》(Hamburg 1962), 67f.에서는 칸트에게 본질적인 도덕적 행위를 가능하게 하는 정당화 논거가 포이어바흐에게는 없다는 점을 지적하지만, 칸트와 일치한다는 사실에는 이론의 여지가 없다.

[517] P. J. A. Feuerbach, *Über Philosophie und Empirie in ihrem Verhältnisse zur positiven Rechtswissenschaft* (Landshut 1804; Ndr. Darmstadt 1969), 70f.

[518] Ders., *Lehrbuch des gemeinen in Deutschland gültigen peinlichen Rechts······* (1801), 14. Aufl. (1847 ; Ndr. Aalen 1973), § 20. ―엄격하게 명확성 원칙을 추구한 1813년 바이에른 형법전의 창시자로서 법률 제정 실무에 있어서 그는 이 원칙을 일시적으로나마 실현할 수 있었다.

[519] 추가적으로 Schreiber, *Gesetz und Richter* (s. Anna. 232), 102ff.

[520] Carl Theodor Welcker, *Die letzten Gründe von Recht, Staat und Strafe······* (Gießen 1813; Ndr. Aalen 1964), 25.

[521] Ders., Art. Recht; Begriffe des Rechts und Unterschiede des Rechts und der Moral, *Rotteck/Welcker* Bd. 13 (1842), 485; vgl. 추가적으로 ders., Allgemeine encyclopädische Uebersicht der Staatswissenschaft und ihrer Theile, ebd., Bd. 1 (1834), 11 ff. sowie ders., Recht, Staat und Strafe, 4 ff. ―논증 구조에 있어서 Welcker와 Kant의 관계에 대해서는 vgl. Schreiber, *Rechtspflicht* (s. Anm. 101), 85ff.; Bernd Gall, *Die individuelle Anerkennungstheorie von Karl Theodor Welcker. Ein Beitrag zur Rechtspflicht* (Bonn 1972), 26ff.

[522] Robert v. Mohl, *Die Polizei-Wissenschaft nach den Grundsätzen des Rechtsstaates*, Bd. 1 (Tübingen 1832), 6ff.

[523] Otto Bähr, *Der Rechtsstaat. Eine publizistische Skizze* (Göttingen 1864; Ndr. Aalen 1969)에서는 독립적인 행정법원의 설치를 요구하고 있다.

[524] Friedrich Julius Stahl, *Die Philosophie des Rechts*, 3. Aufl., Bd. 2/2: *Rechts-und Staatslehre* (Heidelberg 1856), 137f.; vgl. auch ebd., 3. Aufl., Bd. 2/1 (1854), 191 ff.

[525] Ebd., 3. Aufl., Bd. 2/1, 209f.

[526] Ebd., 222.

[527] *Brockhaus* 2. Aufl., Bd. 6 (1819), 40, Art. Recht.

[528] Ebd., 7. Aufl., Bd. 9 (1830), 59, Art. Recht.

[529] *Brüggemann* Bd. 6 (1836), 432, Art. Recht.

[530] *Brockhaus* 2. Aufl., Bd. 3 (1818), 112, Art. Gerechtigkeit; ebd., 7. Aufl., Bd. 4 (1830), 62S, Art. Gerechtigkeit.

[531] Vgl. *Encyclopédie*, t. 5 (1755), 116ff., Art. Droit.

[532] Rudolph v. Jhering, *Der Zweck im Recht*, Bd. 1 (Leipzig 1877), Motto.

[533] Vgl. 추가적으로 Böckenförde, *Rechtsbegriff* (s. Anm. 12), 145ff. 158ff.

[534] Hugo에 대한 가장 최근 글은 Hans-Ulrich Stühler, *Die Diskussion um die Erneuerung der Rechtswissenschaft von 1780-1815* (Berlin 1978), 134ff.

[535] Gustav Hugo, *Lehrbuch des Naturrechts*······ (1798), 4. Aufl. (Berlin 1819; Ndr. Glashütten/Ts. 1971). −(비역사적인) 계몽주의 자연법과의 결별을 예고하는 '법철학Rechtsphilosophie' 및 '법의 철학Philosophie des Rechts' 개념의 역사에 대해서는, vgl. Felipe Gonzales Vicen, *La filosofia dei derecho como concepto historico, Anuario de filosofia del derecho 14* (1969), 15ff.; H. Welzel, Gedanken zur Begriffsgeschichte der Rechtsphilosophie, in: *Fschr. Wilhelm Gallas*, hg. v. Karl Lackner u. a. (Berlin, New York 1973), 1ff.

[536] Hugo, *Naturrecht*, 4. Aufl., 1, § 1.

[537] Ders., *Lehrbuch der juristischen Encyclopädie*, 2. Aufl. (Berlin 1799), 15.

538 Ders., *Naturrecht*, 4. Aufl., 37.

539 Ebd., 1. Aufl., 32, § 27. ―이는 Fries의 발언, 즉 Hugo의 법철학이 칸트의 법이론보다 더 일관된 칸트식 자연법(ebd., 4. Aufl., XIf., Vorrede)이라고 한 발언에 대한 Hugo의 반응이었던 것 같다. 칸트에 대한 Hugo의 관계에 대한 새로운 내용은 Stühler, *Rechtswissenschaft*, 145 f.

540 Friedrich Carl v. Savigny, *Vom Beruf unsrer Zeit für Gesetzgebung und Rechtswissenschaft* (1814), 3. Aufl. (Heidelberg 1840), 7.

541 Ebd., 13f.

542 Anton Friedr. *Justus Thibaut, Über die Notwendigkeit eines allgemeinen bürgerlichen Rechts für Deutschland* (Heidelberg 1814).

543 Savigny, *Beruf*, 54 ff.

544 Ebd., 12ff.; ähnlich ders., *System des heutigen Römischen Rechts*, Bd. 1 (Berlin 1840), 45f.

545 Zu Georg Friedrich Puchta, *Das Gewohnheitsrecht*, Bd. 1 (Erlangen 1828); Bd. 2 (1837); vgl. Wieacker, *Privatrechtsgeschichte*, 2. Aufl. (s. Anm. 231), 399f.

546 Welzel은 *Naturrecht*, 4. Aufl. (s. Anm. 6), 173에서 Savigny에게 계몽적 법전 편찬은 적어도 Pufendorf 이후에 이성법의 발전 측면에서 볼 때 '역사적 정당성'이 결코 없지 않았다고 잘 지적하고 있다.

547 Maistre, Burke 그리고 Haller와 역사 법학과의 관련성에 대해서는 Stahl., *Philosophie des Rechts* (s. Anm. 40), Bd. 1 : *Geschichte der Rechtsphilosophie* (1830), 3. Aufl. (1856), 548ff.에서 '역사적 법철학Geschichtliche Rechtsphilosophie'이라는 요약적인 제목으로도 확인할 수 있다.

548 Vgl. Gerhard Wesenberg, *Savignys Einfluß auf die Rechtsprechung des Oberappallationsgerichts Dresden. Eine Studie zur Nachrezeption*, Zs. f. Rechtsgesch., Romanist. Abt. 67 (1950), 459ff. passim.

549 핵심 개념과 결과에 대해서는 vgl. Wieacker, *Privatrechtsgeschichte*, 2. Aufl.,

430ff.

550 Vgl. Larenz, *Methodenlehre*, 5. Aufl. (s. Anm. 8), 24; Wieacker, *Privatrechtsgeschichte*, 2. Aufl., 386. 441 f. ―주목할 점은 Savigny도 살아있는 법 속에서 "인간 본성의 공통적인 것에 근거한" 개별 민족적이고 "일반적" 요소의 결합을 강조한다는 점이다. 일반적 요소는 "어디에서나 동일하게 윤리적인 인간의 존엄과 자유"라는 특징을 갖는다, System, Bd. 1, 35. 52 ff.

551 Wieacker, *Privatrechtsgeschichte*, 2. Aufl., 442.

552 Ebd., 401. 431 ff.

553 특히 1900년의 독일 민법전BGB과 1907년의 스위스 민법전ZGB (계수Rezeption 에 대해서는 vgl. ebd., 495ff.).

554 Vgl. ebd., 450ff.; Helmut Schelsky, *Das Jhering-Modell des sozialen Wandels durch Recht. Ein wissenschaftsgeschichtlicher Beitrag*, Jb. f. Rechtssoziologie u. Rechtstheorie, Bd. 3: *Zur Effektivität des Rechts*, hg. v. Manfred Rehbinder u. Helmut Schelsky (Gütersloh 1972), 49f.

555 Jhering, *Zweck im Recht* (s. Anm. 532), 2. Aufl., Bd. 1 (1884), 320. 357.

556 Ebd., 245.

557 Ebd., 358.

558 Ebd., 356ff.

559 Ebd., 387f.

560 Ebd., 371 f.

561 Ebd., 369.

562 Vgl. ebd., 2. Aufl., Bd. 2 (1886), 177ff.

563 Ebd., 229.

564 Ebd., 230; vgl. Franz v. Liszt, *Marburger Programm* (1882), Strafrechtliche Aufs. u. Vorträge, Bd. 1 (Berlin 1905), 126. 161: "공정한 처벌은…… 불가피한 처벌이 다."

565 Jhering, *Zweck im Recht*, 2. Aufl., Bd. 1, 450. 553.

566 Welzel, *Naturrecht*, 4. Aufl. (s. Anm. 6), 191.

567 Jhering의 '합리주의'에 대해서 증거 자료와 함께 Schelsky, *Jhering-Modell* (s. Anm. 554), 57f.

568 Jhering, *Zweck im Recht*, 2. Aufl., Bd. 1, 554.

569 Ders., Über Aufgabe und Methode der Rechtsgeschichtsschreibung (1894), in: ders., *Der Kampf ums Recht, Ausg. Sehr.*, hg. v. Christian Rusche (Nürnberg 1965), 426.

570 Jhering의 이 원칙은 Schelsky, *Jhering-Modell*, 59ff., bes. 65에서 분명하게 발견된다.; 추가적으로 Fikentscher, *Methoden des Rechts* (s. Anm. 8), Bd. 3: *Mitteleuropäischer Rechtskreis* (1976), 193. 199ff.

571 R. v. Jhering, *Über die Entstehung des Rechtsgefühles* (1884), Ausg. Sehr., 302. Vgl. 추가적으로 Schelsky, *Jhering-Modell*, 62ff., bes. 65; kritisch zum idealistischen "deus ex machina" bei Jhering Welzel, *Naturrecht*, 4. Aufl., 191 f.

572 Hegel, Grundlinien der Philosophie des Rechts (1821), *SW* Bd. 7 (1928), 79f., § 29.

573 Ebd., 287ff., § 211.

574 Vgl. ebd., 24, Vorrede.

575 Vgl. 추가적으로 auch Dreier, *Recht-Moral-Ideologie* (s. Anm. 505), 328.

576 법철학적 문제 제기를 통해 헤겔 법 이론의 전체성을 파악하려는 노력에 대해서는 한편으로는 vgl. Welzel, *Naturrecht*, 4. Aufl., 175: "헤겔의 법철학은, 제대로 이해했다면, 실체적 자연법론의 가장 완전한 형태이다." 그리고 Dreier, *Recht-Moral-Ideologie*, 316ff. 에서는 형이상학적-역사 철학적 조건을 배제시킨 가운데 칸트 주변에서 '자유주의적인 헤겔'을 합리적으로 재구성할 것을 제안한다.

577 헤겔의 법 개념의 설명에 대해서는 vgl. z. B. Dreier, *Recht-Moral-Ideologie*, 326

ff.

578 Vgl. z. B. Hegel, *Rechtsphilosophie*, 79, § 29; ders., *System der Philosophie*, TI. 3: *Philosophie des Geistes* (1830), SW Bd. 10 (1929), 388ff., § § 496ff.

579 Hegel, *Rechtsphilosophie*, 33, Vorrede: "이성적인 것, 그것은 현실적이고, 현실적인 것, 그것은 이성적이다." 초기 저술에서 매우 유사한 내용에 대해서는 vgl. ders., *Die Verfassung Deutschlands* (1802), Werke, hg. v. Eva Moldenhauer u. Karl Markus Michel, Bd. 1 (Frankfurt 1971), 463에서는 사실 이미 뒤에 언급하게 될 다의성을 다루고 있다.

580 Ders., *Vorlesungen über Rechtsphilosophie: 1818-1831*, hg. v. Karl–Heinz Ilting, Bd. 1 (Stuttgart–Bad Cannstatt 1973), 23ff.; Bd. 4 (1974), 45ff. 이 간행본을 통해 강의록에 비해 1820/21년에 출판된 문서의 규준력이 의문시되었는데, 문제는 이 간행본(지금까지 1–4권까지 출간)부터 더욱 악화되었다.

581 Vgl. Eduard Gans, Vorwort zur 2. Ausgabe der Rechtsphilosophie (1883), in: *Materialien zu Hegels Rechtsphilosophie*, hg. v. Manfred Riedel, Bd. 1 (Frankfurt 1975), 244f.

582 Stahl, *Philosophie des Rechts* (s. Anm. 524), 3. Aufl., Bd. 2/1, 215ff.; 그 후 Julius Binder, *Philosophie des Rechts* (Berlin 1925), 280에서 특징적으로 설명하고 있다.

583 자유주의적 비평가 중에서는 Rudolf Haym, Preußen und die Rechtsphilosophie (1857). Hegel und seine Zeit, in: *Riedel, Materialien*, Bd. 1, 365ff.이 아마도 가장 유명하다.

584 Hegel, *Rechtsphilosophie*, 377ff., § § 275ff. ("Die fürstliche Gewalt").

585 Ebd., 36, Vorrede.

586 Ebd., 328, § 257. 337, § 260.

587 Ders., *System der Philosophie*, TI. 1: Die Logik (1827), *SW* Bd. 8 (1929), 48, § 6; vgl. Welzel, *Naturrecht*, 4. Aufl. (s. Anm. 6), 175: "이념의 역사적 발전 과정에서 한 위치를 차지하고 있는 것만 실제적인데, 이를 파악하는 것이 철학의 과제이

다.”

588 Hegel, *Rechtsphilosophie*, 42f., § 3 (G. Hugo에 반대하는 논쟁에 대해서는 vgl., 43ff.).

589 Ebd., 291, § 212.

590 Ders., Beurtheilung der im Druck erschienenen Verhandlungen in der Versammlung der Landstände des Königreichs Würtemberg im Jahre 1815 und 1816 (1817), *SW* Bd. 6 (1927), 422; vgl. ebd., 426. 484; vgl. auch ders., Über die englische Reform-Bill (1831), *SW* Bd. 20 (1930), 470ff.

591 Vgl. J. Ritter, *Hegel und die Französische Revolution* (Köln, Opladen 1957), 19ff., bes. 27 f.

592 Vgl. z. B. Gans, *Vorwort* (s. Anm. 581), 245: “그(즉 독자)는 자유라는 하나의 금속으로부터 전체 작품이 만들어졌다는 것을 알아차리지 않았던가?……작가(즉 헤겔)는…… 어려운 시기에 법원과 신분 재판의 공공성 및 배심 재판만이 유일하게 이성에 따르는 것이라고 제시하지 않았던가? 그는 군주를 국가에 반드시 필요하다거나 사상적 우두머리와는 다르게 파악하지 않았던가? 그는 군주를 실증성과 역사성에서 탄생한다고 보았던가?”

593 Vgl. Hermann Friedrich Wilh. Hinrichs, Politische Vorlesungen (1843), in: *Die Hegelsche Rechte*, hg. v. Hermann Lübbe (Stuttgart-Bad Cannstatt 1962), 90: “따라서 국가의 과제는…… 법 이념을 실현하고…… 국가는 법 자체의 형태로 법을 실현해야 하는데, 예전에 법은 법이라기보다는 특권이었기 때문이다.” — Carl Ludwig Michelet는 *Zur Verfassungsfrage* (1848), ebd., 188에서 법적 토양Rechtsboden이라는 보수적-실증적 어법을 조롱한다. 반면 Johann Eduard Erdmann, *Philosophische Vorlesungen über den Staat* (1851), ebd., 259에서는 '법적 토양'에 대해 긍정적인 인상을 표현하고 있다: 영국의 헌법이 지속적으로 발전하면서…… “모든 영국인이 인권선언을 확고한 법적 토양이라고 본다”는 장점이 있다.

[594] 1850년 이후의 헤겔학파의 발전에 대해서는 vgl. H. Lübbe, *Politische Philosophie in Deutschland. Studien zu ihrer Geschichte* (Basel, Stuttgart 1963), 77 ff.

[595] Michelet, *Verfassungsfrage*, 182 ff.

[596] Heinrich Bernhard Oppenheim, Philosophie des Rechts und der Gesellschaft (1850), in: Lübbe, *Die Hegelsche Rechte*, 197. 194.

[597] Ebd., 196.

[598] Ebd.

[599] Pierre Joseph Proudhon, De la justice dans la révolution et dans l'église (1858), Nouv. éd., *Oeuvres compl.*, t. 21~26 (Brüssel 1868). ─이 글은 사회주의 운동을 넘어서도 유명하다, vgl. Zitate bei Larousse t. 9 (1873), 1127. 1130, Art. Justice.

[600] Proudhon, *De la justice*, t. 2: Petit catéchisme politique, *Oeuvres compl.*, t. 22, 116f.

[601] Ebd., 118; vgl. ebd., 105.

[602] Ders., Qu'est–ce que la propriété? (1840), ebd., t. 1 (1873), 34ff. 118ff.

[603] Marx, Das Kapital, Bd. 1 (1867), *MEW* Bd. 23 (1962), 100, Anm. 38.

[604] Ders., Debatten über die Preßfreiheit und Publikation der Landständischen Verhandlungen (1842), *MEW* Bd. 1 (1956), 28ff.; 추가적으로 Werner Maihofer, *Demokratie im Sozialismus. Recht und Staat im Denken des jungen Marx* (Frankfurt 1968), 69ff.

[605] Marx, Debatten über das Holzdiebstahlsgesetz (1842), *MEW* Bd. 1, 109ff.; 추가적으로 Maihofer, *Demokratie*, 47 ff.

[606] Marx, Preßfreiheit, 58.

[607] Ders., Holzdiebstahlsgesetz, 141 f.

[608] 여기서 자세히 전개하지 못하는 마르크스의 법 이론에 대해서는 vgl. ders./ Engels, Die deutsche Ideologie (1845/46), *MEW* Bd. 3 (1958), 61 ff.; Marx, Zur Kritik der Politischen Oekonomie (1859), *MEW* Bd. 13 (1961), 8f., Vorwort.

609 Marx/Engels, Deutsche Ideologie, 26f.; vgl. auch ebd., 311f.

610 Ebd., 311f. 405; vgl. ebd., 62; dies., Manifest der Kommunistischen Partei (1848), *MEW* Bd. 4 (1959), 477.

611 Dies., *Deutsche Ideologie*, 30f.

612 Marx, Zur Kritik der Hegelschen Rechtsphilosophie. Einleitung (1844), *MEW* Bd. 1, 379.

613 Ders., Das Kapital, Bd. 1, 183. Vgl. ders., Randglossen zum Programm der deutschen Arbeiterpartei (1875/1890/91), *MEW* Bd. 19 (1962), 20ff.; Alessandro Baratta, Recht und Gerechtigkeit bei Marx, in: *Karl Marx im Kreuzverhör der Wissenschaften*, hg. v. Fritz Büsser (Zürich, München 1974), 100.

614 관련 출처를 정리해둔 것은 Ralf Dahrendorf, *Die Idee des Gerechten im Denken von Karl Marx* (1953), 2. Aufl. (Hannover 1971), 167ff., Anh.: *Karl Marx über die kommunistische Gesellschaft.*

615 Vgl. ebd., 14f. 에서 Dahrendorf는 마르크스의 저작에서 '정당한gerecht' 또는 '정의Gerechtigkeit'라는 표현이 인용이나 풍자 및 논쟁에 사용되고 있다고 지적하고 있다.

616 Vgl. ebd., 72ff. 115ff. "마르크스에게 정의는 도덕적인 요청이 아니라…… 존재론적인 규정이다."(ebd., 141)라고 지적한 Dahrendorf의 표현이 ―헤겔을 계승한― 마르크스의 의도와 일치할 수는 있지만 진화론적 윤리학 ―vgl. 추가적으로 F. Loos, *Zur Wert-und Rechtslehre Max Webers* (Tübingen 1970), 42ff. ―의 문제를 (규범적인) 존재론의 문제로 옮겨놓기만 한다.

617 Vgl. Baratta, Recht und Gerechtigkeit, 100ff.; 선동적 의미에 대해서는 Dahrendorf, *Idee des Gerechten*, 136 ff. 163 f.

618 Marx, *Randglossen*, 21 f.

619 Ders./ Engels, *Deutsche Ideologie*, 424.

620 Marx, Das Kapital, Bd. 3 (1894), *MEW* Bd. 25 (1964), 828.

[621] Engels, Die Entwicklung des Sozialismus von der Utopie zur Wissenschaft (1880), *MEW* Bd. 19, 228.

[622] 신칸트주의적 사회주의에 대해서는 vgl. Lübbe, *Polit. Philosophie* (s. Anm. 594), 85ff.

[623] (적어도 그의 초기 작품 중에서) 여기에 언급할 수 있는 것으로는 비엔나 출신 철학자이자 사회주의 정치가인 Max Adler, *Marxistische Probleme* (1913), 5. Aufl. (Berlin 1922; Ndr. Berlin, Bonn 1974), 161ff.; vgl. ebd., 1 ff.; Karl Vorländer, *Kant und Marx* (1911), 2. Aufl. (Tübingen 1926), 278ff. 291; Ludwig Woltmann, Die Begründung der Moral (1900), in: *Marxismus und Ethik*, hg. v. Hans Jörg Sandkühler u. Rafael de la Vega (Frankfurt 1974), 113.

[624] Woltmann, Begründung der Moral, 113; vgl. Sadi Gunter [d. i. Franz Staudinger], Sozialismus und Ethik (1900), in: *Sandkühler/de la Vega, Marxismus und Ethik*, 130.

[625] Eduard Bernstein, *Das realistische und das ideologische Moment im Sozialismus. Probleme des Sozialismus, Die Neue Zeit 16/2* (1897/98; Ndr. 1973), 392. 388ff. Zu Bernstein: Helga Grebing, *Der Revisionismus. Von Bernstein bis zum "Prager Frühling"* (München 1977), 16 ff.

[626] Vgl. Vorländer, *Kant und Marx*, 282ff. 292ff.

[627] Hermann Cohen, Kant (1896), in: *Sandkühler/de la Vega, Marxismus und Ethik*, 61. 71.

[628] Vgl. Grebing, *Revisionismus*, 11 ff. 이러한 추세에 비판적인 입장으로는 ― 정당사회주의 정교parteikommunistische Orthodoxie의 입장에서 ―H. J. Sandkühler, Einleitung, in: ders./*DE la Vega, Marxismus und Ethik*, 1ff.; ders., *Kant, neukantianischer Sozialismus, Revisionismus.* 민주주의적 사회주의 이데올로기의 탄생에 대해서는, ebd., 7ff.

[629] Karl Kautsky, *Ethik und materialistische Geschichtsauffassung* (1906), 2. Aufl. (Berlin

1922; Ndr. Berlin, Bonn 1973), 144.

630 Lenin, Die historischen Schicksale der Lehre von Karl Marx (1913), *Werke*, Bd. 18 (1962), 576.

631 특히 여러 차례 재판되어 출간된 Rudolf Stammler의 저작 *Wirtschaft und Recht nach der materialistischen Geschichtsauffassung*, 2. Aufl. (Leipzig 1906), 3. Aufl. (1914) 이 유명하다.

632 자유주의적인 민법전에 "한 방울의 사회주의적 기름이 칠해질 수 있었던" 유명한 민법 제618조가 삽입될 수 있었던 것은 Anton Menger, *Das bürgerliche Recht und die besitzlosen Volksklassen* (Tübingen 1890), 110ff.으로 거슬러 올라간다. 그러나 여전히 전반적으로 비교적 근소한 Menger의 영향력에 대해서는 Wieacker, *Privatrechtsgeschichte*, 2. Aufl. (s. Anm. 231), 457. 470.

633 Menger, Bürgerliches Recht, 27; vgl. ebd., 105. 111. 149. 154f.

634 Ebd., 20. 70. 97. 105.

635 Ygl. Z.B. Engels, Der Ursprung der Familie des Privateigentums und des Staates (1884), *MEW* Bd. 21 (1962), 168.

636 사실 "발전된 공산주의" 시대가 되어서야 비로소 그러했다.; vgl. Eugen B. Paschukanis, *Allgemeine Rechtslehre und Marxismus* (1929; Ndr. Frankfurt 1966), 33 ff.

637 So Norbert Reich, Einleitung zu Peter Ivanovič Stučka, Die revolutionäre Rolle von Recht und Staat (1921; Frankfurt 1969), 31 ff.

638 Ebd., 130f.

639 Reich, Einl., ebd., 28.

640 Ernst Bloch, *Das Prinzip Hoffnung* (1959; Frankfurt 1969), 1619.

641 Ders., *Naturrecht und menschliche Würde* (Frankfurt 1961), 226. 229. 252.

642 Meyer 4. Aufl., Bd. 13 (1889), 626, Art. Recht: "모든 진정한 법은 실정법이다."; *Brockhaus* 14. Aufl., Bd. 13 (1895), 665, Art. Recht: "모든 객관적인 법은 실증적이다."

643 Karl Bergbohm, Jurisprudenz und Rechtsphilosophie, Kritische Abh., Bd. 1: Einleitung.-1. Abh.: Das Naturrecht der Gegenwart (Leipzig 1892), 80.

644 Ebd., 400. 405, Anm. 22.

645 Ebd., 398, Anm.

646 Ebd., 479.

647 Felix Somló, *Juristische Grundlehre* (Leipzig 1917), 308f.

648 Vgl. 추가적으로 H. Welzel, *An den Grenzen des Rechts. Die Frage nach der Rechtsgeltung* (Köln, Opladen 1966), 8ff.; Schreiber, *Rechtspflicht* (s. Anm. 101), 90ff. 98ff.

649 G. Jellinek, *Allgemeine Staatslehre* (1900), 3. Aufl. (Berlin 1914; Ndr. Darmstadt 1960); 그 외의 추종자들에 대해서는 vgl. Welzel, *Grenzen des Rechts*, 10ff.; Schreiber, *Rechtspflicht*, 105 ff.

650 G. Jellinek, *Die sozialethische Bedeutung von Recht, Unrecht und Strafe* (1878), Aufl. (Berlin 1908), 45: "객관적인 것은 사회의 보존 조건⋯⋯ 즉 윤리적 규범의 최소한이고, 주관적인 것은 사회 구성원이 요구하는 윤리적 생존 활동과 신념의 최소한이다."

651 Vgl. 추가적으로 Schreiber, *Rechtspflicht*, 110f.

652 Jellinek, *Allgemeine Staatslehre*, 3. Aufl., 333f. mit Anm. 승인 이론이 국가의 법 이론이 아닌 사회 이론에서 발견되는 것이 흥미롭다(옐리네크는 초기 신칸트주의자로서 '일반 국법론'과 국가의 '일반 사회론'의 구별을 법학에서 증명한다).; vgl. Loos, *Wert-und Rechtslehre* (s. Anm. 616), 109f., Anm. 126.

653 Kelsen, *Reine Rechtslehre* (s. Anm. 7), 1. Aufl., 127; ebd., 2. Aufl., 34.

654 Ebd., 2. Aufl., 219. 215ff.

655 Ebd., 1. Aufl., 62ff.; ebd., 2. Aufl., 204 ff. 443 f.

656 Ebd., 2. Aufl., 201.

657 Ebd., 50f.

[658] Ders., *Was ist Gerechtigkeit?*(Wien 1953), 40.

[659] Ebd., 18. 23ff.; ders., *Reine Rechtslehre*, 2. Aufl., 357ff.

[660] Ders., *Reine Rechtslehre*, 2. Aufl., 393ff.

[661] Ders., *Gerechtigkeit*, 40f.; vgl. auch ders., *Vom Wesen und Wert der Demokratie* (1920/21), 2. Aufl. (Tübingen 1929; Ndr. Aalen 1963).

[662] Alf Ross, *Towards a Realistic Jurisprudence. A Criticism of the Dualism in Law* (Kopenhagen 1946), 53ff. u. passim.

[663] Hart, *Begriff des Rechts* (s. Anm. 1); '자연법의 최소 내용에 대해서는' vgl. ebd., 266ff.

[664] Radbruch, *Rechtsphilosophie*, 8. Aufl. (s. Anm. 299).

[665] Max Weber의 법 이론, Weber가 적어도 함축성에 있어서 Kelsen을 앞선 것에 대해서 그리고 Lask/Radbruch와의 관계에 대해서는 vgl. Loos, *Wert-und Rechtslehre* (s. Anm. 616), 93ff.

[666] Radbruch, *Rechtsphilosophie*, 8. Aufl., 175.

[667] Ebd., 166.

[668] Ebd., 119ff. 142ff. 164ff.

[669] Ebd., 97.

[670] 독일 외부의 발전까지도 포함시키는 것은—저명한 법 이론가를 인용하는 것은 제외하고—저자의 권한을 넘어서는 일이다. 근본적인 법적 구상과 법 실무에서 그것이 실현되는 것을 설명하려는 포괄적인 시도에 대해서는 Fikentscher, *Methoden des Rechts* (s. Anm. 8), Bd. 1, bes. 451 ff. zur französischen u. ebd., Bd. 2: Anglo-amerikanischer Rechtskreis (1975), zur anglo-amerikanischen Entwicklung.

[671] 다른 한편 소위 처분적 법률의 증가가 그 이유 중의 하나다. vgl. 추가적으로 Friedrich August v. Hayek, Recht, *Gesetzgebung und Freiheit. Eine neue Darstellung der liberalen Prinzipien der Gerechtigkeit und der politischen Ökonomie*, Bd. 2: Die

Illusion der sozialen Gerechtigkeit (München 1981), passim.

[672] Weber, *Wirtschaft und Gesellschaft* (s. Anm. 2), 503ff., bes. 511 f.

[673] Binder, *Philosophie des Rechts* (s. Anm. 582), 13ff. 이보다 앞선 저작은 Erich Kaufmann, *Kritik der neukantischen Rechtsphilosophie* (Tübingen 1921; Ndr. Aalen 1964). Binder가 발전해 나가는 모습에 대해서는 vgl. Larenz, *Methodenlehre*, 5. Aufl. (s. Anm. 8), 110ff.

[674] Zu Binder, *Philosophie des Rechts*, 237ff. 359ff., bes. 361 u. passim vgl. Larenz, Methodenlehre, 5. Aufl., 111f.

[675] Binder, *Philosophie des Rechts*, 976; vgl. auch ebd., 886ff.

[676] Vgl. ders., *Die logische Struktur der Rechtsordnung* (Leipzig 1927), 17ff.

[677] Vgl. 추가적으로 auch W. Schönfeld, *Der Traum des positiven Rechts*, Arch. f. civilistische Praxis 135 (1931), 1ff.

[678] K. Larenz, *Rechts-und Staatsphilosophie*, 2. Aufl. (Berlin 1935), 124ff. 130ff.

[679] Carl Schmitt, *Über die drei Arten des rechtswissenschaftlichen Denkens* (Hamburg 1934), 29. 13.

[680] Bernd Rüthers, *Die unbegrenzte Auslegung. Zum Wandel der Privatrechtsordnung im Nationalsozialismus* (Tübingen 1968).

[681] Ernst Rudolf Huber, *Vom Sinn der Verfassung, Kieler Universitätsreden*, NE H. 4 (Hamburg 1935), 6f.

[682] Hans–Helmut Dietze, *Naturrecht in der Gegenwart* (Bonn 1936), 317f.

[683] Larenz, *Rechts-und Staatsphilosophie*, 2. Aufl., 152: "그러나 실증주의와의 결별이 자연법으로의 회귀를 의미하지는 않는다."

[684] 정리된 내용은 Klaus Anderbrügge, *Völkisches Rechtsdenken. Zur Rechtslehre in der Zeit des Nationalsozialismus* (Berlin 1978); Michael Stolleis, *Gemeinwohlformeln im nationalsozialistischen Recht* (Berlin 1974) u. Rüthers, Auslegung.

[685] Vgl. 추가적으로 Wolf Rosenbaum, *Naturrecht und positives Recht* (Neuwied,

Darmstadt 1972), 143 ff.

[686] Bundesgerichtshof, *Entscheidungen in Strafsachen*, Bd. 2 (1952), 234. 237ff.; vgl. auch ebd., 173. 177. 333f.; ehd., Bd. 3 (1953), 357. 362; ebd., Bd. 4 (1954), 385. 390. *Ähnlich Bundesgerichtshof, Entscheidungen in Zivilsachen*, Bd. 3 (1951), 94. 107; ebd., Bd. 5 (1952), 76. 97; ebd., Bd. 11 (1953), 81. 84f., Anhang. 여기서 이들 결정은 예시적으로만 소개되어 있다.

[687] 이를 통해 연방헌법재판소 결정의 여지에 구체적인 변화가 있었던 것은 아니다. 연방헌법재판소의 견해에 대해서는 vgl. z. B. *Entscheidungen*, Bd. 1 (1952), 14. 18; ebd., Bd. 2 (1953), 1. 12f. 380f. 403; ebd., Bd. 3 (1954), 225. 232.

[688] G. Radbruch, Gesetzliches Unrecht und übergesetzliches Recht (1946), in: ders., *Rechtsphilosophie*, 8. Aufl. (s. Anm. 299), 345; vgl. *Bundesverfassungsgericht, Entscheidungen*, Bd. 23 (1968), 98. 106; früher schon ebd., Bd. 3 (1953), 58. 118f.; ebd., Bd. 6 (1957), 132. 198. *Ähnlich Bundesgerichtshof, Entscheidungen in Strafsachen*, Bd. 3, 357. 362.

[689] *In Ansätzen schon Bundesgerichtshof, Entscheidungen in Zivilsachen*, Bd. 1 (1951), 87. 92f.; deutlich ebd., 356. 358; ebd., Bd. 2 (1951), 68. 73; ebd., Bd. 8 (1952), 118.126f.

[690] *Entscheidungen in Strafsachen*, Bd. 6 (1954), 46. 52ff., bestätigt noch einmal ebd., Bd. 17 (1962), 230. 232ff.; vgl. auch ebd., Bd. 6 (1954), 147. 150ff.

[691] z. B. Heinrich Rommen, *Die ewige Wiederkehr des Naturrechts*, 3. Aufl. (München 1947); Josef Fuchs, *Lex naturae. Zur Theologie des Naturrechts* (Düsseldorf 1955).

[692] Emil Brunner, *Gerechtigkeit. Eine Lehre von den Grundgesetzen der Gesellschaftsordnung* (Zürich 1943).

[693] Vgl. vor allem Welzel, *Naturrecht*, 4. Aufl. (s. Anm. 6), 236ff.

[694] '보호적 정의iustitia protectiva'의 '최고의 문장', 즉 "인간 위에 있는 모든 인간의 권력은 제한되어야 한다"에 대해서는 Vgl. z. B. Coing, *Rechtsphilosophie*, 3.

Aufl. (s. Anm. 74), 211, Coing은 이 문장에서 기본권, 권력 분립, 최고의 법적 절차 원칙에서 눈을 떼지 않으면 안 된다는 추론을 이끌어냈다. ebd., 215ff. 큰 영향을 끼친 것으로는 vgl. z. B. M. Kriele, *Kriterien der Gerechtigkeit* (Berlin 1963), 103ff.–Welzel은 *Naturrecht*, 4. Aufl., 250ff.에서 역사적 존재의 변화하는 조건 하에서 공정한 사회 규범의 의미를 암시하는 구상만이 가능하다고 보았다. 절대적인 것에 대한 침해는 오류에서 자유로울 수 없기 때문에 "사회적 상황을 바르게 형성하기 위한 투쟁이 정신적 논쟁에 머무르고, 폭력이나 인간이 인간을 파괴하면서 종결되지 않도록 실정법이 이를 맡아야 한다." ebd., 253. 더 회의적인 입장으로는 Chaim Perelman, *Über die Gerechtigkeit* (München 1967), 83f. u. passim. Zuerst franz. u. d. T. "Justice et raison" (Brüssel 1963).

[695] Vgl. 추가적으로 J. Habermas, Theorie der Gesellschaft oder Sozialtechnologie? Eine Auseinandersetzung mit Niklas Luhmann, in: ders./ Niklas Luhmann, *Theorie der Gesellschaft oder Sozialtechnologie - Was leistet die Systemforschung?* (Frankfurt 1971), 142ff.; J. Habermas, *Legitimationsprobleme im Spätkapitalismus* (Frankfurt 1973), 242ff.; ders., Wahrheitstheorien, in: *Wirklichkeit und Reflexion, Fschr. Walter Schulz*, hg. v. Helmut Fahrenbach (Pfullingen 1973), 211ff., bes. 226ff. 253f.; J. Habermas, Legitimationsprobleme im modernen Staat, in: ders., *Zur Rekonstruktion des Historischen Materialismus* (Frankfurt 1976), 271. 293 ff.

[696] John Rawls, *Eine Theorie der Gerechtigkeit* (1971), dt. v. Hermann Vetter (Frankfurt 1975); 추가적으로 z. B. *Reading Rawls*, ed. Norman Daniels (Oxford 1975); *Über J. Rawls' Theorie der Gerechtigkeit*, hg. v. Otfried Höffe (Frankfurt 1977).

[697] Rawls, *Gerechtigkeit*, 81.

[698] Vgl. Ronald Dworkin, *Taking Rights Seriously* (London 1977), 206ff. („Civil Disobedience"). 더 많은 증거들은 R. Dreier, Widerstandsrecht im Rechtsstaat? Bemerkungen zum zivilen Ungehorsam, in: *Recht und Staat im sozialen Wandel, Fschr. Ulrich Scupin*, hg. v. Norbert Achterberg, Werner Krawietz, Dieter

Wyduckel (Berlin 1983), 573ff., bes. 584ff. ─나의 관찰이 맞다면 독일에서는 일
반적으로 20년 전부터 '정의'라는 단어를 평등 요구('배분의 정의') 맥락에서 주로
사용하고 있다는 점이 흥미롭다.

[699] Die methodologischen Hauptwerke des Schulhauptes, Philipp Heck, erschienen
zwischen 1889 und 1932, zusammenfassend ders., Grundriß des Schuldrechts
(Tübingen 1929; Ndr. Aalen 1974), 471 ff., Anhang: Begriffsjurisprudenz und
Interessenjurisprudenz.

[700] 그러한 개념 작업이 그 후 실제로도 얼마나 의식적으로(경우에 따라서는 방법적
으로 의식적으로) 또는 무의식적으로 목적적 사고에 의해 (법 정책적으로도) 좌우
되었는지는 전체적으로나 세부적으로 논란적인 문제이다. → Interesse, Bd. 3,
337f.

[701] Ph. Heck, Interessenjurisprudenz und Gesetzestreue (1914), abgedr.
Interessenjurisprudenz, hg. v. Günter Ellscheid u. Winfried Hassemer (Darmstadt
1974), 32.

[702] Vgl. 추가적으로 Larenz, Methodenlehre, 5. Aufl. (s. Anm. 8), 154ff.

[703] Vgl. z. B. Adalbert Podlech, Wertungen und Werte im Recht, Arch. d. öffentlichen
Rechts (1970), 185. 197ff.; Hans─Joachim Koch/Helmut Rüssmann, Juristische
Begründungslehre (München 1982), 227 ff.

[704] Vgl. Roman Herzog, Kommentar zu Art. 20, VII, Rn 71 ff., in:
Grundgesetzkommentar, hg. v. Theodor Maunz, Günter Dürig u. a., Bd. 2 (1983)
에는 그 외 연방헌법재판소 판례를 통해 증명하고 있다.

[705] 가장 중요한 옹호자로는─선구자인 Oskar Bülow, Gesetz und Richteramt (Leipzig
1885) 이후에─Eugen Ehrlich, Freie Rechtsfindung und freie Rechtswissenschaft (Leipzig
1903); ders., Grundlegung der Soziologie des Rechts (München 1913); ders., Die
juristische Logik (Tübingen 1918); Gnaeus Flavius [d. i. Hermann Kantoro─wicz],
Der Kampf um die Rechtswissenschaft (Heidelberg 1906) u. Ernst Fuchs, Schreibjustiz

und Richterkönigtum (Leipzig 1907)˙; ders., *Was will die Freirechtsschule?* (Rudolstadt 1929).

[706] Flavius [d. i. Kantorowicz], *Rechtswissenschaft*, 20.

[707] Ebd., 47.

[708] Ebd., 10ff.

[709] Vgl. z. B. Rudolf Wiethölter, *Anforderungen an den Juristen heute, in: Erziehung zum Establishment*, hg. v. Rudolf Wassermann (Karlsruhe 1969), 4ff. 11.18f. 24.29. 31; 반면 자제하는 입장으로는 ders., *Der politische Richter* (München 1972).

[710] Vgl. z. B. M. Kriele, *Theorie der Rechtsgewinnung* (1967), 2. Aufl. (Berlin 1976), 182ff. 310ff. 342ff.; J. Esser, *Vorverständnis und Methodenwahl in der Rechtsfindung* (Frankfurt 1970), 80ff. 114ff. 152ff. 159ff. u. passim˙: Dreier, *Recht-Moral-Ideologie* (s. Anm. 505), 54ff. 113ff. 180ff.

[711] Gerhard Struck, *Topische Jurisprudenz* (Frankfurt 1971), 7 ; 추가적으로 Robert Alexy, *Theorie der juristischen Argumentation* (Frankfurt 1978), 41. 305.

[712] N. Luhmann, Die Systemreferenz von Gerechtigkeit, Rechtstheorie. Zs. f. Logik, Methodenlehre, Kybernetik u. Soziologie d. Rechts 5 (1974), 201 ff.

[713] Ders., Positivität des Rechts als Voraussetzung einer modernen Gesellschaft, Jb. f. Rechtssoziologie u. Rechtstheorie, Bd. 1 : *Die Funktion des Rechts in der modernen Gesellschaft*, hg. v. R. Lautmann, W. Maihofer, H. Schelsky (Gütersloh 1970), 176. 179ff. ; N. Luhmann, *Rechtssoziologie*, Bd. 1 (Reinbek 1972), 186ff.

[714] Vgl. ders., Gerechtigkeit in den Rechtssystemen der modernen Gesellschaft, Rechtstheorie. Zs f. Logik, Methodenlehre, Kybernetik u. Soziologie d. Rechts 4 (1973), 131 ff.

[715] Ders., *Positivität des Rechts*, 182ff. ; ders., Rechtssoziologie, Bd. 1, 190ff.

[716] Ders., Positivität des Rechts, 188; ders., Legitimation durch Verfahren (1969), 3. Aufl. (Darmstadt. Neuwied 1978).

찾아보기

용어

코젤렉의 개념사 사전 19 — 법과 정의

◉ 2021년 1월 20일 초판 1쇄 인쇄
◉ 2021년 1월 27일 초판 1쇄 발행
◉ 글쓴이   프리츠 로스·한스-루드비히 슈라이버
◉ 엮은이   라인하르트 코젤렉·오토 브루너·베르너 콘체
◉ 기 획   한림대학교 한림과학원
◉ 옮긴이   엄현아
◉ 발행인   박혜숙
◉ 책임편집   김 진
◉ 펴낸곳   도서출판 푸른역사
   서울시 종로구 자하문로8길 13 (우 03044)
   전화: 02)720-8921(편집부) 02)720-8920(영업부)
   팩스: 02)720-9887
   전자우편: 2013history@naver.com
   등록: 1997년 2월 14일 제13-483호
ⓒ 한림대학교 한림과학원, 2021

ISBN   979-11-5612-188-6 94900
세트   979-11-5612-184-8 94900